Salvatore Santarossa u. Roman Schneider

Papst Leo XIV. – Biografie des Papstes, der aus Chicago kam

AF288068

Papst Leo XIV. – Biografie des Papstes, der aus Chicago kam

Salvatore Santarossa und Roman Schneider

Bibliografische Information der Deutschen Nationalbibliothek: Die Deutsche Nationalbibliothek verzeichnet diese Publikation in der Deutschen Nationalbibliografie; detaillierte bibliografische Daten sind im Internet über http://dnb.dnb.de abrufbar.

Verlag: BoD · Books on Demand GmbH, Überseering 33, 22297 Hamburg, bod@bod.de

Druck: Libri Plureos GmbH, Friedensallee 273, 22763 Hamburg

ISBN: 978-3-8192-2882-7

Inhaltsverzeichnis

I

KAPITEL 1: WURZELN IN CHICAGO: DIE MULTIKULTURELLE FA- MILIE PREVOST (1955-1973)

In der geschäftigen Metropole Chicago, wo der Wind vom Michigan-See die vielen Wolkenkratzer umweht, und der Puls einer vitalen Großstadt schlägt, erblickte Robert Francis Prevost am 14. September 1955 das Licht der Welt. Seine Geburt fiel in eine Zeit des gesellschaftlichen Umbruchs in den Vereinigten Staaten – die Bürgerrechtsbewegung nahm Fahrt auf, der Kalte Krieg bestimmte die internationale Politik, und die katholische Kirche stand kurz vor dem epochalen Zweiten Vatikanischen Konzil, das 1962 beginnen sollte.

Roberts Elternhaus spiegelte in vieler Hinsicht bereits die Weltkirche wider, deren Oberhaupt er siebzig Jahre später werden sollte. Sein Vater, Louis Marius Prevost, entstammte einer Familie mit französischen und italienischen Wurzeln – eine Verbindung zur alten Welt Europas, die ihre katholische Tradition über Generationen bewahrt hatte. Die Prevosts waren wie viele andere europäische Einwanderer zu Beginn des 20. Jahrhunderts in die Vereinigten Staaten gekommen, auf der Suche nach neuen Möglichkeiten und einem besseren Leben.

Roberts Mutter, Mildred Martínez, brachte das spanische Erbe in die Familie ein. Die Martínez-Familie verkörperte die Verbindung zur hispanischen Welt, die für den späteren Papst eine entscheidende Rolle spielen sollte. Diese multikulturelle Herkunft schenkte dem jungen Robert nicht nur eine natürliche Offenheit für verschiedene Kulturen und Perspektiven, sondern auch eine sprachliche Begabung, die ihm später auf seinem Lebensweg zugutekommen würde.

In einem bescheidenen, aber warmherzigen Zuhause wuchs Robert mit seinen beiden Brüdern Louis Martín und John Joseph auf. Die Prevosts lebten in einer Zeit, als Chicago eine Hochburg der katholischen Arbeiterschicht war, mit lebendigen Pfarrgemeinden, die oft nach ethnischen Linien organisiert waren. Sonntägliche Gottesdienstbesuche gehörten zum festen Familienritual, und die katholische Identität prägte den Alltag der Familie.

Die 1950er und 1960er Jahre in Chicago waren eine Zeit sozialer Segregation, aber auch beginnender Integration. In diesem Spannungsfeld erlebte der junge Robert eine Kindheit, die von den Werten der Solidarität und des Zusammenhalts geprägt war. Sein Vater, der in einer Fabrik arbeitete, brachte ihm den Wert harter Arbeit und Pflichtbewusstsein bei, während seine Mutter, die in der Gemeindearbeit aktiv war, ihm ein tiefes Verständnis für den Dienst am Nächsten vermittelte.

Die Grundschulzeit verbrachte Robert in einer katholischen Pfarrschule, wo irische Ordensschwestern mit strenger Hand, aber herzlicher Zuwendung die Grundlagen der Bildung und des Glaubens legten. Schon früh zeigte sich seine besondere Begabung für Mathematik und sein tiefes Interesse an religiösen Fragen. Die Lehrer erkannten in dem aufgeweckten, nachdenklichen Jungen einen vielversprechenden Schüler, der über den Tellerrand hinausblickte.

In jenen Jahren erlebte die katholische Kirche in den USA bedeutende Veränderungen. Mit der Wahl John F. Kennedys zum ersten katholischen Präsidenten im Jahr 1960 wuchs das Selbstbewusstsein der amerikanischen Katholiken. Zugleich brachte das Zweite Vatikanische Konzil (1962-1965) frischen Wind in die Kirche: Die Liturgie wurde in die Landessprache übertragen, der Dialog mit anderen Konfessionen und Religionen gefördert und die Rolle der Laien gestärkt.

Diese kirchlichen Aufbrüche prägten auch Roberts Jugend. Als Ministrant erlebte er den Übergang von der lateinischen zur englischen Messe und die vorsichtige Öffnung der Kirche hin zur modernen Welt. In der Highschool, die er von 1969 bis 1973 besuchte, zeigte er sich als vielseitig begabter Schüler. Neben seinen mathematischen Fähigkeiten entwickelte er ein tiefes Interesse an philosophischen und theologischen Fragen.

Es waren aber auch die Jahre der gesellschaftlichen Umbrüche in den USA: Studentenproteste gegen den Vietnamkrieg, die Bürgerrechtsbewegung, die Hippiebewegung und eine jugendliche Gegenkultur, die traditionelle Werte in Frage stellte. In dieser polarisierten Zeit fand Robert in seinem katholischen Glauben einen Anker, der ihm Orientierung gab, ohne ihn gegenüber den drängenden Fragen der Zeit zu verschließen.

Die multikulturelle Prägung seines Elternhauses ermöglichte es ihm, verschiedene Perspektiven einzunehmen und Brücken zu bauen – eine Fähigkeit, die später zu einem Kennzeichen seines kirchlichen Wirkens werden sollte. Schon als Jugendlicher engagierte er sich in der Pfarrgemeinde, half bei Wohltätigkeitsaktionen und zeigte ein wachsendes Interesse am Ordensleben.

Als Robert 1973 die Highschool abschloss, hatte sich in ihm bereits der Keim einer geistlichen Berufung entwickelt. Die Suche nach einem tieferen Sinn, der Wunsch, Gott und den Menschen zu dienen, und die Faszination für ein Leben in Gemeinschaft nach dem Vorbild der frühen Kirche führten ihn auf einen Weg, der ihn über zahlreiche Stationen schließlich in das höchste Amt der katholischen Kirche führen sollte.

Die Entscheidung, nach dem Schulabschluss das Kleine Seminar der Augustiner zu besuchen, markierte den Beginn eines neuen Lebensabschnitts. Chicago mit seinen kulturellen Gegensätzen, seinem sozialen Engagement und seiner lebendigen katholischen Tradition hatte ihm wichtige Grundlagen für seinen weiteren Weg mitgegeben. Aus dem multikulturell geprägten Elternhaus nahm er ein tiefes Verständnis für die Vielfalt menschlicher Erfahrungen mit, aus der Stadt der harten Arbeit und des sozialen Engagements eine Sensibilität für die Nöte der Menschen und aus der lebendigen Pfarrgemeinde eine tiefe Verwurzelung im Glauben.

So verließ Robert Francis Prevost im Sommer 1973 als junger Mann sein Elternhaus in Chicago, um einen Weg einzuschlagen, der ihn über viele Kontinente führen und sein Leben in den Dienst einer universalen Sendung stellen sollte.

KAPITEL 2: BILDUNG UND BERUFUNG: DER WEG ZUM ORDENS-LEBEN (1973-1977)

Der Herbst 1973 markierte einen entscheidenden Wendepunkt im Leben des jungen Robert Prevost. Die Vereinigten Staaten hatten gerade ihre Bodentruppen aus Vietnam abgezogen, die Watergate-Affäre erschütterte das Vertrauen in die politische Führung, und die katholische Kirche in Amerika befand sich in einer Phase der Neuorientierung nach dem Zweiten Vatikanischen Konzil. In dieser Zeit des Umbruchs begann für den 18-jährigen Robert eine intensive Phase der Ausbildung und geistlichen Formung am Kleinen Seminar der Augustiner.

Das Seminar bot ihm eine strukturierte Umgebung, in der er seine akademischen Fähigkeiten vertiefen und zugleich seine geistliche Berufung prüfen konnte. Die Augustiner – ein Orden mit einer reichen intellektuellen Tradition, der auf den Kirchenvater Augustinus von Hippo zurückgeht – legten besonderen Wert auf eine solide theologische und philosophische Bildung. Die Verbindung von Glauben und Vernunft, die für den Heiligen Augustinus so charakteristisch war, sprach Roberts analytischen Verstand an und eröffnete ihm zugleich eine spirituelle Tiefe, die ihn zunehmend faszinierte.

In diesen ersten Jahren seiner Ausbildung zeigte sich bereits Roberts besondere Begabung für Mathematik. Die klare Logik und die universelle Sprache der Zahlen entsprachen seinem strukturierten Denken. Gleichzeitig entwickelte er ein wachsendes Interesse an philosophischen Fragen, besonders an der Erkenntnistheorie und Ethik, wie sie in den Werken des Heiligen Augustinus zum Ausdruck kamen. Die augustinische Maxime "Unruhig ist unser Herz, bis es ruht in dir, o Gott" wurde zu einem Leitmotiv auf seinem geistlichen Weg.

Nach erfolgreichem Abschluss am Kleinen Seminar setzte Robert seine Ausbildung an der renommierten Villanova University in Pennsylvania fort. Diese 1842 gegründete Universität, die von den Augustinern geleitet wird, gehört zu den angesehensten katholischen Bildungseinrichtungen der USA. Hier erweiterte sich sein Horizont erheblich – nicht nur akademisch, sondern auch in der Begegnung mit Studierenden aus verschiedensten Teilen der Vereinigten Staaten und darüber hinaus.

An der Villanova University vertiefte Robert sein Studium der Mathematik und Philosophie. Die Präzision der mathematischen Analyse verband sich mit der Tiefe philosophischer Reflexion und schuf eine intellektuelle Grundlage, die sein späteres Denken prägen sollte. Besonders die Verbindung von abstrakter Theorie und konkreter Anwendung faszinierte ihn – eine Denkweise, die er später in seiner kirchlichen Arbeit fruchtbar machen würde.

Sein akademischer Mentor, Professor James O'Donnell, ein Spezialist für antike Philosophie und Augustinus-Kenner, erinnert sich: "Robert war ein Student, der nicht nur brillante Fragen stellte, sondern auch die Geduld hatte, komplexe Antworten zu durchdenken. Er verband analytische Schärfe mit einer bemerkenswerten Offenheit für spirituelle Dimensionen – eine seltene Kombination."

Neben seinen akademischen Verpflichtungen engagierte sich Robert auch in der Campus-Seelsorge und bei sozialen Projekten in den benachteiligten Vierteln Philadelphias. Diese praktischen Erfahrungen halfen ihm, die theoretischen Erkenntnisse aus Hörsaal und Bibliothek mit den konkreten Herausforderungen des menschlichen Lebens zu verbinden. Die Begegnung mit Armut und sozialer Ungerechtigkeit vertiefte sein Verständnis für die soziale Dimension des christlichen Glaubens und legte einen wichtigen Grundstein für sein späteres Engagement in Latein-amerika.

Die Jahre an der Villanova University waren auch eine Zeit intensiver geistlicher Suche. In regelmäßigen Gesprächen mit seinem geistlichen Begleiter, Pater Thomas Martin OSA, reflektierte Robert seine Berufung zum Ordensleben. Die augustinische Spiritualität mit ihrer Betonung der Gemeinschaft, der Innerlichkeit und des Dienstes an der Kirche entsprach zunehmend seinem eigenen geistlichen Weg. Das gemeinsame Leben der Augustiner, ihr Motto "Ein Herz und eine Seele auf Gott hin" (nach Apostelgeschichte 4,32), und ihr Engagement in Bildung und Seelsorge wurden für ihn zu einem überzeugenden Modell christlicher Existenz.

Während dieser Zeit unternahm Robert auch Reisen nach Mexiko, wo er mit augustinischen Missionaren zusammenarbeitete und seine Spanischkenntnisse vertiefte. Diese Erfahrungen weckten sein Interesse an Lateinamerika und der Theologie der Befreiung, die in jenen Jahren in den Ländern des Südens aufkam. Obwohl er später einen ausgewogeneren theologischen Ansatz entwickeln sollte, blieb die Option für die Armen ein bleibendes Element seines pastoralen Denkens.

Im Frühjahr 1977 schloss Robert sein Studium an der Villanova University mit Auszeichnung ab. Seine Abschlussarbeit in Mathematik beschäftigte sich mit komplexen Funktionen und gewann einen universitätsweiten Preis, während seine philosophische Thesis über "Wahrheit und Gemeinschaft bei Augustinus" von seinen Professoren hochgelobt wurde. Der Dekan der philosophischen Fakultät, Dr. Elizabeth Johnson, ermutigte ihn, eine akademische Laufbahn einzuschlagen, doch Roberts innere Berufung hatte bereits eine andere Richtung genommen.

Die Entscheidung, in den Augustinerorden einzutreten, reifte während eines ignatianischen Exerzitienkurses im Sommer 1977. In der Stille und Betrachtung wurde ihm klar, dass sein Weg in der Nachfolge Christi innerhalb der augustinischen Gemeinschaft liegen würde. In seinen persönlichen Aufzeichnungen aus jener Zeit findet sich die Notiz: "Der Ruf Gottes ist kein Donner vom Himmel, sondern ein leises Wachsen der Gewissheit, dass hier meine tiefste Freude und der größte Dienst zusammenfallen."

Am 1. September 1977, wenige Wochen nach seinem Universitätsabschluss, trat Robert Prevost als Novize in die Augustinerprovinz "Mutter vom guten Rat" in Chicago ein. Das Noviziatshaus in St. Louis, Missouri, würde für das kommende Jahr sein Zuhause sein – ein Ort der Stille, des Gebets, des Studiums und der gemeinschaftlichen Erfahrung. Der Schritt in das Ordensleben bedeutete für den 22-Jährigen einen radikalen Bruch mit vielen weltlichen Erwartungen und Möglichkeiten, eröffnete ihm aber zugleich neue Horizonte des Dienstes und der spirituellen Vertiefung.

Als Robert an jenem Septembertag die Schwelle des Noviziatshauses überschritt, konnte er nicht ahnen, welch weiten Weg er vor sich hatte – von Chicago über Rom nach Peru und schließlich auf den Stuhl des heiligen Petrus. In seinem schlichten schwarzen Anzug, mit einem kleinen Koffer in der Hand und einer großen Entschlossenheit im Herzen, begann er einen Lebensweg, der ihn durch viele Kulturen, Sprachen und kirchliche Ämter führen sollte, immer getragen von seiner mathematischen Präzision, seinem philosophischen Tiefgang und seinem augustinischen Herzen, das in Gott allein seine Ruhe suchte.

Die Jahre der Bildung und Berufungsfindung hatten Robert Francis Prevost intellektuelle Werkzeuge, spirituelle Tiefe und eine klare Ausrichtung gegeben. Mit diesem Rüstzeug trat er nun ein

in die formative Zeit des Noviziats, die den jungen Mathemati-
ker und Philosophen zum Augustinermönch formen sollte – ein
entscheidender Schritt auf einem langen Weg, der sieben Jahrzehnte später auf dem Balkon des Petersdoms einen vorläufigen
Höhepunkt finden sollte.

KAPITEL 3: EINTRITT IN DEN AUGUSTINERORDEN UND ERSTE
GELÜBDE (1977-1981)

Das Noviziatsjahr in einem Ordenshaus ist traditionell eine Zeit
der Prüfung – sowohl für den Kandidaten als auch für die Ordensgemeinschaft. Als Robert Francis Prevost am 1. September
1977 das Noviziatshaus der Augustiner in St. Louis betrat, begann für ihn eine intensive Phase der Einführung in das Ordensleben, weit entfernt vom akademischen Betrieb der Universität
und den vertrauten Strukturen seiner bisherigen Umgebung.

Das stattliche Backsteingebäude des Noviziatshauses mit seinen
hohen Fenstern und der angrenzenden Kapelle lag in einem ru-
higen Stadtteil von St. Louis. Hier lebten die Novizen unter der
Leitung des Novizenmeisters P. Michael Sullivan OSA nach einem strengen Tagesplan, der auf den drei Säulen des augustinischen Lebens beruhte: Gebet, Studium und Gemeinschaft.

Der Tag begann früh mit dem gemeinsamen Morgengebet in der
schlichten Kapelle des Hauses. Das rhythmische Rezitieren der
Psalmen im Stundengebet strukturierte den gesamten Tag –
vom Morgenlob über die Mittagshore und die Vesper am Abend
bis zum Nachtgebet, mit dem der Tag abgeschlossen wurde. Für
Robert, der bereits in seiner Studienzeit eine regelmäßige Ge-
betspraxis entwickelt hatte, wurde das gemeinsame Chorgebet
zu einer wichtigen spirituellen Disziplin, die sein ganzes späteres
Leben prägen sollte.

Das Studium, die zweite Säule des augustinischen Lebens, konzentrierte sich im Noviziatsjahr vor allem auf die Geschichte und
Spiritualität des Ordens, das Kennenlernen der Ordensregel und
die intensive Lektüre der Schriften des heiligen Augustinus.
Roberts solide philosophische Bildung ermöglichte ihm einen
tieferen Zugang zu den komplexen Gedankengängen des

Kirchenvaters, während sein mathematisch geschulter Verstand ihn befähigte, die systematischen Zusammenhänge zu erfassen und zu ordnen.

"Er hatte eine bemerkenswerte Fähigkeit, auch schwierige Texte zu durchdringen und ihre Relevanz für die Gegenwart zu erkennen", erinnert sich ein Mitnovize. "In unseren Studiensitzungen war er oft derjenige, der die entscheidenden Fragen stellte und Verbindungen herstellte, die anderen entgangen waren."

Die dritte Säule, die Gemeinschaft, stellte für den eher introvertierten Robert anfangs die größte Herausforderung dar. Das enge Zusammenleben mit Novizen unterschiedlicher Herkunft, Persönlichkeit und Lebenserfahrung forderte von ihm ein hohes Maß an Anpassungsfähigkeit und Geduld. Die Gemeinschaft beim Essen, bei der Arbeit im Haus und Garten, in den Erholungszeiten und bei gemeinschaftlichen Ausflügen lehrte ihn die Kunst des Zuhörens, des Kompromisses und der gegenseitigen Unterstützung – Fähigkeiten, die ihm später in seinen Leitungsämtern zugutekommen sollten.

Ein wichtiger Aspekt des Noviziatslebens war auch die manuelle Arbeit. Die Novizen übernahmen Aufgaben im Haushalt, in der Küche, im Garten und bei der Instandhaltung des Gebäudes. Für Robert, der aus einem Arbeiterviertel Chicagos stammte, war körperliche Arbeit nicht fremd, aber die spirituelle Dimension dieser Tätigkeiten im Kontext des Ordenslebens eröffnete ihm neue Perspektiven. Das augustinische Verständnis von Arbeit als Dienst an der Gemeinschaft und als Form des Gebets prägte seine Haltung zu praktischen Aufgaben und würde später in seiner Führungsphilosophie widerhallen.

Während des Noviziatsjahres fanden auch regelmäßige Gespräche mit dem Novizenmeister statt, in denen Robert seine Erfahrungen reflektieren und seine Berufung vertiefen konnte. P.

Sullivan beschrieb ihn in seinen Berichten als "einen ernst zu nehmenden jungen Mann mit tiefem Glauben, scharfem Intellekt und bemerkenswerter Selbstdisziplin, der allerdings noch daran arbeiten muss, sein Innenleben mit anderen zu teilen und spontaner auf die Bedürfnisse der Gemeinschaft zu reagieren."

Im Laufe des Noviziatsjahres öffnete sich Robert zunehmend für die gemeinschaftliche Dimension des Ordenslebens. Er entdeckte die Freude am gemeinsamen Lachen während der Erholungszeiten, lernte die Vielfalt der Persönlichkeiten in der Gemeinschaft zu schätzen und entwickelte Freundschaften, die ein Leben lang halten sollten. Seine natürliche Zurückhaltung wich einer wachsenden Bereitschaft, sich einzubringen und mitzuteilen.

Ein einschneidendes Erlebnis während des Noviziatsjahres war ein zweiwöchiger Einsatz in einem Obdachlosenheim im Stadtzentrum von St. Louis. Hier begegnete Robert der harten Realität von Armut, Sucht und psychischer Erkrankung in einer Unmittelbarkeit, die ihn tief berührte. Die Erfahrung, mit den Ärmsten der Armen zu arbeiten, ihre Geschichten zu hören und ihre Würde trotz widriger Umstände zu erkennen, verstärkte sein Bewusstsein für die soziale Dimension des Evangeliums und die Verantwortung der Kirche gegenüber den Ausgegrenzten.

"Nach dieser Erfahrung", so berichtete ein Mitnovize später, "sprach Robert weniger abstrakt über Theologie und mehr über konkrete Wege, wie die Kirche den Menschen dienen kann. Es war, als hätte diese Begegnung mit der Armut etwas in ihm ausgelöst – ein tieferes Verständnis für die augustinische Idee, dass Christus uns in den Armen begegnet."

Am Ende des Noviziatsjahres, nach intensiver Prüfung seiner Berufung und positiver Bewertung durch die Ordensleitung, legte Robert am 2. September 1978 seine erste Profess ab. In einer schlichten, aber bewegenden Zeremonie in der Ordenskapelle versprach er vor Gott und der versammelten Gemeinschaft, die evangelischen Räte der Armut, der Keuschheit und des Gehorsams zu befolgen und nach der Regel des heiligen Augustinus zu leben.

Mit der Ablegung der ersten Gelübde begann eine neue Phase in Roberts Ausbildung. Er kehrte nach Chicago zurück, um an der Catholic Theological Union seine theologische Ausbildung fortzusetzen. Dieses 1968 gegründete ökumenische Seminar, an dem verschiedene Ordensgemeinschaften zusammenarbeiten, bot ihm eine breitere theologische Perspektive und die Möglichkeit, über die Grenzen seiner eigenen Ordenstradition hinauszublicken.

In den folgenden drei Jahren vertiefte Robert sein Verständnis der biblischen Texte, der systematischen Theologie, der Kirchengeschichte und der praktischen Pastoraltheologie. Sein analytischer Verstand und seine Fähigkeit, komplexe Zusammenhänge zu erfassen, machten ihn zu einem herausragenden Studenten, der von seinen Professoren geschätzt und von seinen Mitstudierenden respektiert wurde.

Besonders angetan war er von der Moraltheologie und dem Kirchenrecht – Bereiche, in denen seine Liebe zur präzisen Analyse und seine Sensibilität für die Anwendung allgemeiner Prinzipien auf konkrete Situationen zusammenkamen. Sein Interesse am Kirchenrecht sollte später zu einem spezialisierten Studium in Rom führen, doch in diesen Jahren an der Catholic Theological Union legte er die Grundlagen für sein umfassendes theologisches Verständnis.

Während seiner Zeit in Chicago lebte Robert in einer kleinen augustinischen Gemeinschaft, in der er das im Noviziat Gelernte weiter vertiefen und praktizieren konnte. Die Gemeinschaft war in einer Pfarrei eingebunden, die eine ethnisch und sozial diverse Gemeinde betreute. Hier sammelte Robert erste Erfahrungen in der praktischen Seelsorge, assistierte bei Gottesdiensten, bereitete Kinder und Jugendliche auf die Sakramente vor und engagierte sich in der Erwachsenenbildung.

Seine Fähigkeit, komplexe theologische Inhalte verständlich zu vermitteln, und sein geduldiges, aufmerksames Zuhören wurden von den Gemeindemitgliedern geschätzt. Ein Pfarreimitglied erinnerte sich später: "Er war kein charismatischer Prediger, der die Massen begeisterte, aber er hatte eine ruhige, tiefgründige Art, die einem das Gefühl gab, wirklich gehört und verstanden zu werden."

Parallel zu seinen Studien an der Catholic Theological Union traf Robert regelmäßig mit seinem geistlichen Begleiter zusammen, um seinen inneren Weg zu reflektieren und seine Berufung zu vertiefen. Diese Gespräche halfen ihm, die akademischen Erkenntnisse mit seinem spirituellen Leben zu verbinden und eine integrierte Persönlichkeit zu entwickeln, in der Intellekt und Glaube, Theorie und Praxis, persönliche Frömmigkeit und Gemeinschaftssinn zu einer harmonischen Einheit verschmolzen.

Während dieser Jahre entwickelte Robert auch ein tieferes Verständnis für die internationale Dimension des Ordenslebens. Die Augustiner, ein weltweit tätiger Orden mit Präsenz in allen Kontinenten, eröffneten ihm Einblicke in die globale Kirche und die verschiedenen kulturellen Kontexte, in denen das Evangelium gelebt wird. Durch Begegnungen mit Mitbrüdern aus anderen Ländern, die zu Studien in die USA kamen, erweiterte sich sein Horizont und wuchs sein Interesse an der Missionsarbeit des Ordens.

In dieser Zeit der theologischen Ausbildung reifte in Robert auch die Erkenntnis, dass das Ordensleben nicht nur eine persönliche spirituelle Entscheidung ist, sondern eine Antwort auf den Ruf Gottes zum Dienst an der Kirche und der Welt. Die augustinische Vision einer Gemeinschaft, die "ein Herz und eine Seele auf Gott hin" ist, verband sich für ihn mit dem Missionsauftrag Jesu, das Evangelium in alle Welt zu tragen und den Menschen, besonders den Armen und Marginalisierten, zu dienen.

Je näher der Abschluss seiner theologischen Ausbildung rückte, desto klarer wurde Roberts Berufung zum Priestertum innerhalb des Augustinerordens. Seine Oberen erkannten seine intellektuellen und spirituellen Qualitäten und befürworteten seinen Weg zum Priestertum. Am 29. August 1981, kurz vor seinem 26. Geburtstag, legte Robert Francis Prevost seine ewige Profess ab – ein endgültiges Ja zu einem Leben nach den evangelischen Räten in der augustinischen Gemeinschaft.

Die Zeremonie fand in der Klosterkirche St. Rita in Chicago statt, in Anwesenheit seiner Familie, seiner Mitbrüder und vieler Freunde und Bekannter aus Schule, Universität und Gemeinde. In der festlich geschmückten Kirche, deren gotische Architektur an die lange Tradition des Ordenslebens erinnerte, versprach Robert in die Hände des Provinzials, "bis zum Tod Armut, Keuschheit und Gehorsam zu leben nach der Regel des heiligen Augustinus".

Dieser feierliche Akt markierte den Abschluss seiner Grundausbildung als Augustiner und zugleich den Beginn eines neuen Kapitels. Die Ordensleitung hatte beschlossen, den vielversprechenden jungen Mann nach Rom zu senden, um dort Kirchenrecht zu studieren – ein Fachgebiet, das seiner analytischen Begabung entsprach und dem Orden in Zukunft von großem Nutzen sein würde.

Für Robert bedeutete dies Abschied von der vertrauten amerikanischen Umgebung und den Aufbruch in eine neue Welt. Mit seinem Koffer, einigen Büchern und einem Herzen voller Erwartung machte er sich im Herbst 1981 auf den Weg nach Rom, in jene Stadt, die seit zwei Jahrtausenden das Zentrum der katholischen Kirche ist und in der er eines Tages als Oberhaupt dieser Kirche wirken sollte.

Als er das Flugzeug nach Rom bestieg, konnte Robert Prevost nicht ahnen, welche Wege Gott für ihn vorgesehen hatte. Die vier Jahre seit seinem Eintritt ins Noviziat hatten ihn tief geprägt: Er hatte die Grundlagen des Ordenslebens verinnerlicht, eine solide theologische Ausbildung erhalten und erste pastorale Erfahrungen gesammelt. Nun stand er an der Schwelle zu einem neuen Lebensabschnitt, der ihn über Rom nach Peru und schließlich zurück nach Rom führen würde, auf einen Weg, der weit über seine eigenen Vorstellungen und Pläne hinausreichte.

Die erste Etappe dieses Weges würde die Priesterweihe sein, die er wenige Monate später in Rom empfangen sollte – ein Sakrament, das ihn in besonderer Weise in den Dienst der Kirche stellte und sein Leben für immer prägen würde.

KAPITEL 4: THEOLOGIESTUDIEN UND PRIESTERWEIHE IN ROM (1981-1982)

Im Herbst 1981 landete Robert Francis Prevost auf dem Flughafen Fiumicino in Rom. Die Ewige Stadt empfing ihn mit ihrem charakteristischen goldenen Licht, das die antiken Ruinen, barocken Kuppeln und mittelalterlichen Gassen in einen warmen Glanz tauchte. Für den jungen Augustiner aus Chicago war die Ankunft in Rom mehr als nur eine geografische Verlegung – es war der Eintritt in das pulsierende Herz der katholischen Kirche, eine Stadt, die über zwei Jahrtausende hinweg die Geschichte des Christentums geprägt hatte und nun auch seine eigene Lebensgeschichte prägen sollte.

Seine erste Unterkunft in Rom war das internationale Augustinerkolleg Santa Monica an der Via del Sant'Uffizio, nur wenige Gehminuten vom Petersdom entfernt. Dieses altehrwürdige Gebäude, benannt nach der Mutter des heiligen Augustinus, beherbergte Augustinermönche aus aller Welt, die in Rom studierten oder in der Verwaltung des Ordens tätig waren. Hier fand Robert eine internationale Gemeinschaft vor, die die Universalität der Kirche widerspiegelte – Mitbrüder aus Europa, Afrika, Asien und Lateinamerika, jeder mit seiner eigenen kulturellen Prägung, aber alle vereint durch das gemeinsame augustinische Charisma.

Der Alltag im Kolleg folgte dem für Ordenshäuser typischen Rhythmus von Gebet, Studium und Gemeinschaftsleben. Der Tag begann mit der Laudes, dem Morgengebet, setzte sich fort mit dem Studium an der Universität, dem gemeinsamen Mittagessen, weiteren Studien am Nachmittag, der Vesper und dem Abendessen, und schloss mit dem Komplet, dem Nachtgebet. Dieses strukturierte Leben bot Robert den nötigen Rahmen für seine intensive akademische Arbeit, ohne dass die spirituelle Dimension vernachlässigt wurde.

Roberts Studium des Kirchenrechts fand an der renommierten Päpstlichen Universität St. Thomas von Aquin statt, besser bekannt als "Angelicum" – eine nach dem großen Theologen Thomas von Aquin benannte Hochschule, die von Dominikanern geleitet wird und für ihre intellektuelle Strenge und Treue zum Lehramt der Kirche bekannt ist. Hier hatte bereits

Karol Wojtyła, der spätere Papst Johannes Paul II., studiert, und viele andere, die später wichtige Positionen in der Kirchenhierarchie einnehmen sollten.

Das Studium des Kirchenrechts erwies sich als ideale Verbindung von Roberts mathematisch-logischem Denken und seiner theologischen Bildung. Das kanonische Recht, ein komplexes System von Normen, das das Leben der Kirche und ihrer Mitglieder regelt, erforderte sowohl ein tiefes Verständnis der kirchlichen Lehre als auch die Fähigkeit zu präziser Analyse und logischer Argumentation – Fähigkeiten, die Robert in hohem Maße besaß.

"Er hatte eine natürliche Affinität zum Kirchenrecht", erinnert sich Professor Luigi Sabbarese, einer seiner Dozenten am Angelicum. "Er erfasste nicht nur die Buchstaben des Gesetzes, sondern auch den Geist dahinter, die pastoralen und theologischen Grundlagen, die das Recht erst lebendig machen. Seine Fragen und Beiträge in den Seminaren zeugten von einem reifen Verständnis für die Balance zwischen Gerechtigkeit und Barmherzigkeit, die im Zentrum des kanonischen Rechts steht."

Neben dem intensiven Studium nutzte Robert jede Gelegenheit, die reiche Geschichte und Kultur Roms zu erkunden. Die antiken Basiliken mit ihren ehrwürdigen Mosaiken, die Katakomben mit ihren frühchristlichen Zeugnissen, die großartigen Museen mit ihren Kunstschätzen – all das vertiefte sein Verständnis für die Tradition, in der er stand, und für die universale Mission der Kirche durch die Jahrhunderte.

Besonders beeindruckte ihn der Petersdom, nicht nur wegen seiner architektonischen Großartigkeit, sondern auch wegen seiner symbolischen Bedeutung als Zentrum der katholischen Einheit. Oft verbrachte er dort Stunden im Gebet, versunken in die Atmosphäre des heiligen Raumes und die Gegenwart der zahllosen Pilger aus aller Welt, die dort ihr Glaubenszeugnis ablegten. Damals konnte er nicht ahnen, dass er eines Tages von der Loggia dieses Domes aus seinen ersten Segen als Papst spenden würde.

Eine wichtige Phase in Roberts römischer Zeit war die unmittelbare Vorbereitung auf die Priesterweihe. In intensiven Exerzitien, begleitet von seinem geistlichen Direktor P. Agostino Trapè, dem damaligen Generalprior des Augustinerordens, reflektierte er seine Berufung zum

priesterlichen Dienst und bereitete sich innerlich auf diesen entscheidenden Schritt vor.

Am Sonntag, dem 19. Juni 1982, empfing Robert Francis Prevost die
Priesterweihe in der Kirche Santa Monica in Rom. Die Weihe wurde vom
belgischen Erzbischof Jean Jadot vorgenommen, der damals als Vizeprä-
sident des Päpstlichen Rates für die Nichtchristen (heute Dikasterium für
den interreligiösen Dialog) tätig war. Die Wahl dieses Bischofs für die
Weihehandlung unterstrich bereits die internationale und dialogische Ausrichtung, die Roberts priesterlichen Dienst prägen sollte.

Die Priesterweihe in einer fremden Stadt, weit entfernt von seiner Heimat und seiner Familie, war für Robert eine bewegende Erfahrung. Nur
seine Eltern und sein Bruder Louis konnten die lange Reise von Chicago
nach Rom antreten, um an der Zeremonie teilzunehmen. Doch die Anwesenheit seiner internationalen Ordensgemeinschaft und zahlreicher
Freunde aus der römischen Studienzeit verlieh dem Ereignis einen universalen Charakter, der dem Wesen der katholischen Kirche entspricht.

In der schlichten, aber würdevollen Liturgie, die in lateinischer Sprache
gefeiert wurde, mit Lesungen und Gebeten auch in Englisch, Italienisch
und Spanisch, empfing Robert durch Handauflegung und Gebet des Bischofs die sakramentale Weihe zum Priester. Die Mitfeier seiner Ordens-
brüder, die ihm nach der Weihe einzeln die Hände auflegten, unterstrich
die kollegiale Dimension des Priestertums, das nie isoliert, sondern immer
in Gemeinschaft mit anderen Priestern und in Einheit mit dem Bischof
ausgeübt wird.

Robert wählte für seine Primiz – die erste von ihm als Hauptzelebrant
gefeierte Messe – den Festtag des heiligen Aloysius Gonzaga, den 21.
Juni. In der Kapelle des Augustinerkollegs, umgeben von seiner Familie
und seinen Mitbrüdern, feierte er diese erste Eucharistie mit tiefer An-
dacht und einer Mischung aus Ehrfurcht und Freude. In seiner kurzen
Ansprache betonte er das augustinische Ideal des Dienstes in Gemeinschaft und die zentrale Bedeutung der Eucharistie für das christliche Leben.

Nach der Priesterweihe und einem kurzen Besuch seiner Familie in
Rom setzte Robert sein Studium des Kirchenrechts fort, nun mit einem
vertieften Verständnis für die sakramentale Dimension der Kirche und die

praktischen pastoralen Herausforderungen, mit denen das Kirchenrecht konfrontiert ist. Seine akademischen Leistungen blieben herausragend, und schon bald zeichnete sich ab, dass er ein Experte auf diesem Gebiet werden würde.

Die verbleibenden Monate des Jahres 1982 in Rom waren für den neu-geweihten Priester eine Zeit des Wachstums und der Konsolidierung. Er übernahm erste priesterliche Aufgaben in der internationalen Gemeinde des Augustinerkollegs, assistierte bei Gottesdiensten in verschiedenen Kirchen Roms und begann, seine theologischen und kirchenrechtlichen Kenntnisse in der Seelsorge anzuwenden.

Die Erfahrung, in Rom zu leben und zu studieren, eröffnete Robert auch einen tieferen Einblick in die Funktionsweise der Weltkirche und der römischen Kurie. Die Begegnung mit Kirchenführern aus aller Welt, die Teilnahme an Gottesdiensten mit Papst Johannes Paul II. und das Miter-leben wichtiger kirchlicher Ereignisse formten sein Verständnis für die Uni-versalität der Kirche und die Herausforderungen, denen sie sich in einer zunehmend globalisierten Welt gegenübersah.

Gegen Ende des Jahres 1982, als Robert seine ersten Prüfungen im Kirchenrecht mit Auszeichnung bestanden hatte, eröffneten ihm seine Oberen, dass er sein Studium in Rom fortsetzen und eine Promotion im Kirchenrecht anstreben sollte. Diese Entscheidung entsprach sowohl sei-nen akademischen Fähigkeiten als auch den Bedürfnissen des Ordens, der gut ausgebildete Kanonisten für verschiedene Aufgaben benötigte.

So schloss das Jahr 1982, das mit seiner Ankunft in Rom begonnen und durch seine Priesterweihe einen Höhepunkt erfahren hatte, mit der Perspektive eines längeren Aufenthalts in der Ewigen Stadt. Robert hatte in diesem ersten Jahr in Rom nicht nur wichtige akademische Fortschritte gemacht und die Priesterweihe empfangen, sondern auch ein tieferes Verständnis für die universale Kirche entwickelt und internationale Kon-takte geknüpft, die in seinem späteren Wirken von großer Bedeutung sein würden.

Als Robert zu Weihnachten 1982 in der Kapelle des Augustinerkollegs die Mitternachtsmesse feierte, konnte er auf ein Jahr zurückblicken, das sein Leben grundlegend verändert hatte. Er war als Student nach Rom gekommen und würde nun als Priester seinen Weg fortsetzen – einen

Weg, der ihn in den kommenden Jahren durch seine Promotion im Kirchenrecht, seine Missionsarbeit in Peru und schließlich zurück nach Rom führen sollte, wo ihm Aufgaben von größter Verantwortung anvertraut werden würden.

KAPITEL 5: KIRCHENRECHTLICHE PROMOTION UND AKADEMISCHE LAUFBAHN (1982-1987)

Mit Beginn des Jahres 1983 trat Robert Francis Prevost in eine neue Phase seiner akademischen Laufbahn ein. Nach dem erfolgreichen Abschluss des ersten Studienjahres im kanonischen Recht und nach seiner Priesterweihe konzentrierte er sich nun auf die vertieften Studien, die zur Promotion führen sollten. Das Jahr 1983 markierte zugleich einen wichtigen Meilenstein in der Geschichte des Kirchenrechts: Am 25. Januar trat der neue Codex Iuris Canonici (CIC) in Kraft, den Papst Johannes Paul II. nach fast 20-jähriger Vorbereitungszeit promulgiert hatte. Der neue Codex ersetzte den alten von 1917 und sollte die Erneuerung der Kirche nach dem Zweiten Vatikanischen Konzil auch rechtlich verankern.

Für Robert, der sich mitten im Studium des Kirchenrechts befand, bedeutete diese Neukodifizierung eine besondere Herausforderung. Er musste sich nicht nur mit dem bisherigen Recht vertraut machen, sondern auch die tiefgreifenden Veränderungen verstehen, die der neue Codex mit sich brachte. Seine Professoren am Angelicum, die selbst an der Erarbeitung des neuen Gesetzbuches beteiligt gewesen waren, vermittelten ihm ein tiefes Verständnis für die theologischen und pastoralen Gründe der Reform.

"Es war eine aufregende Zeit für Kirchenrechtler", erinnert sich P. Eduardo Pérez OSA, der damals mit Robert im Augustinerkolleg lebte. "Der neue Codex atmete den Geist des Zweiten Vatikanischen Konzils, mit seiner stärkeren Betonung der Kirche als Volk Gottes, der Kollegialität der Bischöfe und der Rechte und Pflichten aller Gläubigen. Robert war fasziniert von der Art und Weise, wie rechtliche Normen theologische Konzepte ausdrücken und schützen können."

In den folgenden zwei Jahren vertiefte Robert sein Studium in verschiedenen Bereichen des Kirchenrechts: Verfassungsrecht der Kirche, Sakramentenrecht, Vermögensrecht, Prozessrecht und Ordensrecht. Besonders das letztere Gebiet interessierte ihn, da es direkt mit seinem eigenen Leben als Ordensmann verbunden war. Die rechtliche Struktur des geweihten Lebens, die Balance zwischen persönlicher Freiheit und gemeinschaftlicher Verpflichtung, die Beziehung zwischen Ordensgemein-schaften und der Hierarchie der Kirche – all diese Themen faszinierten ihn und würden später zu seinem Promotionsthema führen.

Parallel zu seinen formalen Studien am Angelicum nutzte Robert die einzigartige Gelegenheit, das kirchliche Leben in Rom aus nächster Nähe zu erleben. Er besuchte regelmäßig Vorträge und Konferenzen an anderen päpstlichen Universitäten, nahm an liturgischen Feiern im Vatikan teil und knüpfte Kontakte zu Kirchenrechtlern und Theologen verschiedener Nationalitäten. Diese informelle Bildung, die nur in Rom möglich war, ergänzte sein akademisches Studium und gab ihm ein umfassenderes Verständnis für die vielfältigen Strömungen und Herausforderungen in der universalen Kirche.

Ein prägendes Erlebnis dieser Jahre war die Teilnahme am Außerordentlichen Heiligen Jahr 1983-1984, das Papst Johannes Paul II. anlässlich des 1950. Jahrestages der Erlösung durch den Tod und die Auferstehung Christi ausgerufen hatte. Die zahlreichen liturgischen Feiern, Katechesen und spirituellen Veranstaltungen dieses Jubiläumsjahres vertieften Roberts geistliches Leben und sein Verständnis für die universale Sendung der Kirche.

Im Sommer 1984, nach Abschluss seiner Kursarbeit, begann Robert mit der Vorbereitung seiner Doktorarbeit. Nach Beratung mit seinen Professoren und Ordensoberen wählte er ein Thema, das sowohl akademisch relevant als auch praktisch bedeutsam für das Ordensleben war: "Die Rolle des Ortspriors des Augustinerordens". Diese Arbeit sollte die historische Entwicklung, die theologische Grundlage und die aktuelle rechtliche Ausgestaltung dieser wichtigen Leitungsposition im Augustinerorden untersuchen.

Die Wahl dieses Themas reflektierte nicht nur Roberts persönliches Interesse an der Organisation des Ordenslebens, sondern auch sein wachsendes Verständnis für die Bedeutung guter Führung in religiösen Gemeinschaften. Die Rolle des Priors – des Ersten unter Gleichen in einer Gemeinschaft von Brüdern – verkörpert die augustinische Vision einer Führung, die auf Dienst, Dialog und gemeinsamer Suche nach Gott beruht.

Die Forschungsarbeit für die Dissertation führte Robert in zahlreiche Bibliotheken und Archive in Rom und darüber hinaus. Er studierte mittelalterliche Handschriften in der vatikanischen Bibliothek, durchforstete das reiche Archiv des Augustinerordens im Generalat und reiste sogar nach Spanien und Deutschland, um wichtige Dokumente in dortigen Ordensarchiven einzusehen. Diese umfangreiche Recherche vermittelte ihm ein tiefes Verständnis für die Geschichte des Ordens und die Evolution seiner Strukturen über die Jahrhunderte hinweg.

"Seine Herangehensweise an die Forschung war methodisch und gründlich", berichtet Professor Marco Ventura, einer seiner Doktorväter. "Er hatte eine bemerkenswerte Fähigkeit, historische Quellen zu analysieren und rechtliche Entwicklungen im Kontext ihrer Zeit zu verstehen. Gleichzeitig verlor er nie den Bezug zur Gegenwart und zu den praktischen Implikationen seiner Forschung."

Im Frühjahr 1985, während er noch an seiner Dissertation arbeitete, erhielt Robert eine unerwartete Anfrage von seinen Ordensoberen: Die augustinische Mission in Chulucanas, Piura, Peru, benötigte dringend Unterstützung, und seine Spanischkenntnisse und sein kirchenrechtliches Fachwissen machten ihn zu einem idealen Kandidaten für einen temporären Einsatz. Obwohl dieser Ruf seine akademische Arbeit unterbrechen würde, sah Robert darin eine Gelegenheit, seine theoretischen Kenntnisse mit praktischer Erfahrung zu verbinden.

Mit Zustimmung seiner akademischen Betreuer reiste er im Sommer 1985 nach Peru – eine Entscheidung, die seine Laufbahn in eine völlig neue Richtung lenken sollte. Die ursprünglich für einige Monate geplante Mission sollte sich über Jahre erstrecken und Roberts Leben tiefgreifend prägen.

In den Bergregionen Perus, weit entfernt von den Bibliotheken und Hörsälen Roms, erlebte Robert eine ganz andere Dimension von Kirche. Die einfachen Gemeinden, die großenteils aus indigener Bevölkerung bestanden, die materiellen Nöte und die tiefe, volkstümliche Frömmigkeit der Menschen forderten ihn heraus, seine theologischen und kirchenrechtlichen Kenntnisse neu zu kontextualisieren und auf die konkreten Bedürfnisse vor Ort anzuwenden.

"Es war eine Art Feuertaufe", erinnert sich P. José Mendoza OSA, der damals mit Robert in der Mission arbeitete. "Hier in den Anden musste er lernen, dass das Kirchenrecht nicht um seiner selbst willen existiert, sondern im Dienst des Evangeliums und der Menschen steht. Er passte sich erstaunlich schnell an und gewann das Vertrauen der Gemeinden durch seine bescheidene, aufmerksame Art."

Trotz der intensiven Missionsarbeit vergaß Robert seine akademischen Verpflichtungen nicht. In den ruhigeren Stunden, oft spät in der Nacht, arbeitete er weiter an seiner Dissertation, tauschte Briefe mit seinen Betreuern in Rom aus und überarbeitete seine Kapitel im Licht der praktischen Erfahrungen, die er in Peru sammelte.

Im Februar 1986 kehrte er für einige Monate nach Rom zurück, um seine Dissertation zu finalisieren und sich auf die Verteidigung vorzubereiten. Die Zeit in Peru hatte seinen Blick geschärft für die praktischen Herausforderungen, denen Priore und andere Verantwortliche in der Realität des Ordenslebens gegenüberstehen, besonders in Kontexten kultureller und sozialer Vielfalt. Diese Erfahrungen flossen in die letzten Kapitel seiner Arbeit ein und gaben ihr eine Tiefe und Relevanz, die von seinen Gutachtern hochgeschätzt wurden.

Im Frühjahr 1987 verteidigte Robert seine Dissertation vor einem Gremium von Professoren des Angelicum. Seine Präsentation und die anschließende Diskussion zeugten von seinem umfassenden Verständnis des Themas und seiner Fähigkeit, historische, theologische und rechtliche Perspektiven zu integrieren. Die Dissertation wurde mit "summa cum laude" bewertet, der höchsten Auszeichnung der Universität.

Professor Giovanni Ghirlanda SJ, einer der externen Gutachter und selbst ein renommierter Kirchenrechtler, kommentierte: "Prevosts Arbeit ist außergewöhnlich in ihrer Verbindung von historischer Genauigkeit, rechtlicher Präzision und pastoraler Sensibilität. Er hat nicht nur ein historisches oder rechtliches Dokument verfasst, sondern ein Werk, das echte Relevanz für die spirituelle und institutionelle Erneuerung des Ordenslebens hat."

Mit der Promotion zum Doktor des Kirchenrechts schloss Robert einen wichtigen Abschnitt seiner akademischen Laufbahn ab. Er hatte sich als Kirchenrechtler etabliert und die Grundlagen für eine potenzielle akademische Karriere gelegt. Doch sein Herz war inzwischen in Peru, bei den Menschen, denen er dort diente, und bei der Mission, die er begonnen hatte.

Nach einer kurzen Zeit der Erholung und Feier in Rom und einem Besuch bei seiner Familie in Chicago kehrte Robert im Sommer 1987 nach Peru zurück, nun offiziell ernannt zum Berufungsdirektor und Missionsdirektor der Augustinerprovinz "Mutter des Guten Rates" in Olympia Fields, Illinois, mit Zuständigkeit für die Missionen in Peru.

So endete eine Phase intensiven akademischen Studiums und begann ein neuer Lebensabschnitt, der Roberts Horizont in ungeahnter Weise erweitern würde. Die fünf Jahre zwischen seiner Ankunft in Rom und seiner Rückkehr nach Peru hatten ihn geformt: vom neuen Studenten zum promovierten Kirchenrechtler, vom Novizen zum Priester, vom theoretischen Denker zum praktischen Seelsorger.

Die solide intellektuelle Grundlage, die er in diesen Jahren erworben hatte, würde ihm in seinen zukünftigen Aufgaben – als Ausbilder, als Provinzial, als Generalprior, als Bischof und schließlich als Papst – als wertvolles Fundament dienen. Doch es war die Verbindung dieser intellektuellen Bildung mit der pastoralen Erfahrung in Peru, die seinen besonderen Weg prägen sollte – einen Weg, der Brücken baute zwischen Theorie und Praxis, zwischen verschiedenen Kulturen und Traditionen, zwischen den alten Zentren der Kirche und ihrer lebendigen Peripherie.

KAPITEL 6: AUFBRUCH NACH LATEINAMERIKA: DIE ERSTEN MIS-SIONSERFAHRUNGEN (1985-1986)

Als Robert Francis Prevost im Sommer 1985 in Lima, der Hauptstadt Perus, aus dem Flugzeug stieg, betrat er eine Welt, die sich fundamental von allem unterschied, was er bisher gekannt hatte. Die pulsierende Metropole mit ihren Kontrasten zwischen kolonialer Pracht und moderner Armut, die lauten Märkte, die farbenprächtigen Prozessionen, der Geruch von Straßenküchen und die melodische Klangfarbe des peruanischen Spanisch - all das überwältigte seine Sinne und forderte seine bisherigen Konzepte heraus.

Peru befand sich Mitte der 1980er Jahre in einer komplexen Situation. Politisch hatte das Land nach Jahren der Militärdiktatur erst 1980 zur Demokratie zurückgefunden, stand aber vor enormen wirtschaftlichen Herausforderungen. Eine galoppierende Inflation, hohe Auslandsverschuldung und weit verbreitete Armut prägten die soziale Lage. Gleichzeitig nahm der Konflikt mit der maoistischen Guerillabewegung "Sendero Luminoso" (Leuchtender Pfad) an Intensität zu, besonders in den ländlichen Gebieten der Anden.

In diesem herausfordernden Kontext war die katholische Kirche eine wichtige soziale und moralische Instanz. Die peruanische Kirche hatte in den Jahren nach dem Zweiten Vatikanischen Konzil und der Lateinamerikanischen Bischofskonferenz von Medellín (1968) einen Prozess tiefgreifender Erneuerung durchlaufen, mit einer stärkeren Option für die Armen und einem wachsenden Bewusstsein für soziale Gerechtigkeit.

Roberts erste Station in Peru war jedoch nicht die Hauptstadt, sondern die kleine Stadt Chulucanas in der nördlichen Region Piura, nahe der Grenze zu Ecuador. Die Augustinermission in Chulucanas, die seit den 1960er Jahren von amerikanischen Augustinern betreut wurde, sollte für ein Jahr sein Zuhause werden.

Die Fahrt von Lima nach Chulucanas war für Robert eine Reise durch verschiedene geografische und soziale Landschaften Perus. Von der Küstenmetropole ging es entlang der Pan-American Highway nordwärts durch die trockene Küstenwüste, vorbei an Fischerdörfern und kleinen Oasen, bis nach Piura, einer der ältesten spanischen Siedlungen in Südamerika. Von dort führte ein staubiger Weg ins Landesinnere nach Chulucanas, einer Stadt mit damals etwa 30.000 Einwohnern, umgeben von Hügeln und kleinen landwirtschaftlichen Betrieben.

"Robert kam mit einer offenen Haltung an, bereit zu lernen und sich anzupassen", erinnert sich P. John Lydon OSA, der damalige Leiter der Mission. "Seine Spanischkenntnisse waren solide, aber der lokale Dialekt und die Umgangssprache stellten anfangs eine Herausforderung dar. Doch er war ein aufmerksamer Zuhörer und lernte schnell."

Die Augustinermission in Chulucanas umfasste neben der Stadtpfarrei auch zahlreiche kleine Dorfgemeinden im Umland, die nur über unbefestigte Wege zu erreichen waren. Roberts erste Aufgabe bestand darin, seinen erfahreneren Mitbrüdern bei pastoralen Besuchen in diesen Gemeinden zu assistieren, die liturgischen Feiern kennenzulernen und Kontakte zu den lokalen Katecheten und Gemeindeführern aufzubauen.

Diese ersten Wochen waren eine intensive Zeit des Lernens und der Anpassung. Die einfachen Lebensbedingungen – häufige Stromausfälle, begrenzte Wasserversorgung, primitive sanitäre Einrichtungen – erforderten eine erhebliche Umstellung für jemanden, der an den Komfort nordamerikanischer und europäischer Städte gewöhnt war. Die peruanische Küche mit ihren reichhaltigen Aromen, scharfen Gewürzen und exotischen Zutaten war eine weitere Herausforderung für den jungen Missionar.

Doch die größte Anpassung betraf die kulturelle und soziale Dimension. Roberts bisheriger Lebensweg hatte ihn durch akademische Institutionen und strukturierte Ordensgemeinschaften geführt, in denen Pünktlichkeit, Effizienz und rationale Planung hochgeschätzt wurden. Die peruanische Kultur mit ihrer flexibleren Zeitwahrnehmung, ihrer Betonung persönlicher Beziehungen über institutionelle Effektivität und ihrer emotionaleren Ausdrucksweise forderte seine nordamerikanischen und europäischen Prägungen heraus.

"Es dauerte eine Weile, bis Robert verstand, dass eine zweistündige Verspätung für ein Treffen hier nicht als Respektlosigkeit galt, sondern Teil des kulturellen Rhythmus war", schmunzelt P. Miguel Fuertes OSA, ein spanischer Mitbruder in der Mission. "Oder dass eine gut vorbereitete

Predigt weniger wirksam sein konnte als eine spontane, emotionale Ansprache, die die Menschen dort abholte, wo sie standen."

Roberts Einsatz in Chulucanas begann mit einfachen pastoralen Aufgaben: Er assistierte bei Gottesdiensten, besuchte Familien, unterrichtete Katechese für Kinder und Jugendliche und begleitete die Vorbereitung auf die Sakramente. Nach und nach übernahm er mehr Verantwortung, hielt eigene Gottesdienste in den Außenstationen und begann, sich mit den lokalen sozialen und wirtschaftlichen Herausforderungen auseinanderzusetzen.

Ein prägendes Erlebnis war die Begegnung mit der "Theologie der Befreiung", die in den 1970er und frühen 1980er Jahren in Lateinamerika große Bedeutung erlangt hatte. Diese theologische Strömung, die eine Interpretation des Evangeliums aus der Perspektive der Armen und Unterdrückten und ein aktives Engagement für soziale Gerechtigkeit forderte, war in Peru stark vertreten, besonders durch Theologen wie Gustavo Gutiérrez, dessen Buch "Theologie der Befreiung" (1971) ein Grundlagenwerk darstellte.

Robert, mit seiner soliden thomistischen und augustinischen Ausbildung und seinem Sinn für kirchliche Tradition, stand der Befreiungstheologie zunächst ambivalent gegenüber. Er teilte ihr Anliegen für soziale Gerechtigkeit und die Option für die Armen, war aber skeptisch gegenüber politischen Interpretationen des Glaubens und möglichen Reduktionen der christlichen Botschaft auf soziales Engagement.

"Er war kein Ideologe", erinnert sich P. Carlos Sánchez, ein peruanischer Priester, der damals in der Diözese Chulucanas arbeitete. "Er versuchte immer, die Balance zu finden zwischen der notwendigen sozialen Dimension des Glaubens und seiner transzendenten, spirituellen Dimension. Er spürte, dass beide Aspekte zusammengehören und nicht gegeneinander ausgespielt werden dürfen."

Diese ausgewogene Haltung, verbunden mit seiner offenen, respektvollen Art und seiner wachsenden Vertrautheit mit der peruanischen Kultur, gewann ihm zunehmend das Vertrauen der Menschen in Chulucanas. Besonders beeindruckte seine Bereitschaft, Zeit mit einfachen Menschen zu verbringen, ihnen zuzuhören und ihre Lebensrealität ernst zu nehmen.

Ein ehemaliger Gemeindemitarbeiter berichtet: "Padre Roberto, wie wir ihn nannten, war anders als manche ausländischen Missionare, die kamen und gleich wussten, was wir brauchten. Er fragte zuerst, er hörte zu, er lernte von uns. Und wenn er etwas nicht verstand, war er nicht zu stolz, es zuzugeben und um Erklärung zu bitten."

Im Dezember 1985, nach etwa sechs Monaten in Peru, wurde Robert gebeten, eine lokale Pfarrei während der Abwesenheit des Pfarrers zu vertreten. Diese verantwortungsvolle Aufgabe ermöglichte ihm einen tieferen Einblick in die Struktur und Dynamik einer peruanischen Gemeinde und die spezifischen Herausforderungen der Seelsorge in diesem Kontext.

Die Pfarrei, die sowohl städtische als auch ländliche Gebiete umfasste, bot ein breites Spektrum pastoraler Situationen: von traditionellen Frömmigkeitsformen wie Prozessionen, Novenen und Volksfesten bis hin zu sozialem Engagement in den Armenvierteln; von der Arbeit mit indigenen Gemeinschaften, die ihre eigene kulturelle Identität bewahren wollten, bis zur Begegnung mit modernen Strömungen in der Stadtbevölkerung.

Eine besondere Herausforderung stellten die Basisgemeinden (comunidades eclesiales de base) dar, kleine christliche Gemeinschaften, die in den 1970er Jahren in vielen Teilen Lateinamerikas entstanden waren und eine aktive Beteiligung der Laien, Bibelreflexion im Licht der sozialen Realität und Engagement für Gerechtigkeit förderten. Diese Gemeinden repräsentierten eine neue Form von Kirche, die weniger hierarchisch und mehr partizipativ gestaltet war – ein Modell, das sowohl Chancen als auch Herausforderungen für die traditionelle Struktur der Kirche darstellte.

Robert erkannte die vitale Kraft dieser Gemeinschaften und unterstützte ihre Entwicklung, sorgte aber auch dafür, dass sie in Verbindung mit der Gesamtkirche blieben und nicht zu isolierten Gruppen wurden. Er förderte die Ausbildung von Laienführern, besonders in abgelegenen Dörfern, die nur selten von Priestern besucht werden konnten, und entwickelte Programme für biblische und katechetische Bildung.

Neben der pastoralen Arbeit engagierte sich Robert auch in sozialen Projekten. Die Region Piura litt unter extremer Armut, mangelndem Zugang zu Bildung und Gesundheitsversorgung, Unterernährung bei Kindern und fehlender Infrastruktur. In Zusammenarbeit mit internationalen Hilfsorganisationen und lokalen Behörden initiierte die Mission Projekte zur

Verbesserung der Trinkwasserversorgung, zur Förderung nachhaltiger Landwirtschaft und zur Schaffung von Bildungs- und Gesundheitseinrichtungen.

Die Erfahrungen in Peru vermittelten Robert ein tiefes Verständnis für die Herausforderungen der Kirche in Entwicklungsländern und für die Bedeutung einer inkulturierten Pastoral, die die lokalen Traditionen respektiert und zugleich die universale Botschaft des Evangeliums verkündet. Er lernte, wie wichtig es ist, in verschiedenen Kontexten unterschiedliche Zugänge zu finden, ohne die wesentliche Einheit des Glaubens zu gefährden – eine Erkenntnis, die sein späteres Wirken als Kirchenführer prägen sollte.

Im Frühjahr 1986 kehrte Robert für einige Monate nach Rom zurück, um seine Dissertation im Kirchenrecht abzuschließen. Die Zeit in Peru hatte seiner akademischen Arbeit eine neue Dimension verliehen, indem sie ihn die praktischen Auswirkungen kirchenrechtlicher Strukturen in einem ganz anderen Kontext erleben ließ. Die Herausforderungen der Mission hatten ihm gezeigt, wie wichtig es ist, die Balance zu finden zwischen der universalen Ordnung der Kirche und der notwendigen Flexibilität in unterschiedlichen kulturellen und sozialen Situationen.

Nach der erfolgreichen Verteidigung seiner Dissertation im Frühjahr 1987 stand Robert vor einer wichtigen Entscheidung: Sollte er eine akademische Laufbahn als Kirchenrechtler verfolgen oder in die Mission zurückkehren? Die Erfahrungen in Peru hatten ihn tief berührt und ihm eine neue Perspektive auf seinen priesterlichen Dienst eröffnet. Nach Rücksprache mit seinen Ordensoberen entschied er sich für die Rückkehr nach Peru – ein Entschluss, der sein Leben für viele Jahre prägen sollte.

Im Sommer 1987 wurde er offiziell zum Berufungsdirektor und Missionsdirektor der Augustinerprovinz "Mutter des Guten Rates" ernannt, mit Verantwortung für die Missionen in Peru. Diese neue Rolle würde ihm erlauben, sein akademisches Wissen und seine pastorale Erfahrung zu verbinden, um die Entwicklung der Mission zu fördern und neue Berufungen zu wecken – sowohl unter Nordamerikanern, die bereit waren, in Peru zu dienen, als auch unter einheimischen Peruanern, die in den Augustinerorden eintreten wollten.

Die ersten Missionserfahrungen in Peru hatten bei Robert tiefe Spuren hinterlassen. Die Begegnung mit einer anderen Kultur, mit tiefer Armut und starkem Glauben, mit anderen Formen der Kirchlichkeit und mit den Herausforderungen der Entwicklung hatte seinen Horizont erweitert und seinen Glauben vertieft. Er hatte gelernt, über kulturelle und soziale Grenzen hinweg zu kommunizieren, komplexe Situationen zu navigieren und seine theologischen und kirchenrechtlichen Kenntnisse in unterschiedlichen Kontexten anzuwenden – Fähigkeiten, die ihm auf seinem weiteren Weg als Kirchenführer gute Dienste leisten würden.

Als er nach Rom zurückkehrte, trug er nicht nur sein akademisches Wissen, sondern auch den Staub der peruanischen Straßen an seinen Schuhen und die Geschichten und Gesichter der Menschen von Chulucanas in seinem Herzen. Diese Verbindung von intellektueller Tiefe und praktischer Erfahrung, von globaler Perspektive und lokalem Engagement, würde zu einem Kennzeichen seines kirchlichen Wirkens werden und ihn schließlich auf den Weg zum höchsten Amt der katholischen Kirche führen.

KAPITEL 7: AUSBILDER UND SEELSORGER IN TRUJILLO (1988-1998)

Das Jahr 1988 markierte den Beginn einer neuen, prägenden Phase im Leben von Robert Francis Prevost. Nach seiner Rückkehr aus Rom, wo er seine Doktorarbeit im Kirchenrecht erfolgreich verteidigt hatte, und nach einer kurzen Zeit als Berufungs- und Missionsdirektor der Augustinerprovinz in den USA, wurde er mit einer Aufgabe betraut, die seine Leidenschaft für Bildung, seine Liebe zum Ordensleben und sein Engagement für die Kirche in Lateinamerika vereinte: die Leitung eines gemeinsamen Ausbildungsprojekts für Augustiner-Aspiranten aus verschiedenen Regionen Perus.

Der Ort dieser neuen Mission war Trujillo, eine historische Stadt an der Nordküste Perus, etwa 570 Kilometer nördlich von Lima gelegen. Gegründet im 16. Jahrhundert von spanischen Eroberern, ist Trujillo für seine koloniale Architektur, seine kulturellen Traditionen und als Bildungszentrum bekannt. Die Stadt, die damals etwa eine halbe Million Einwohner zählte, bot mit ihren Universitäten, Seminaren und kulturellen Einrichtungen ein günstigeres Umfeld für ein Ausbildungszentrum als die ländlicheren Gebiete, in denen Robert zuvor gearbeitet hatte.

Das Ausbildungsprojekt, das Robert leiten sollte, war ein gemeinsames Unternehmen der augustinischen Vikariate von Chulucanas, Iquitos und Apurímac – drei unterschiedliche Regionen Perus mit eigenen kulturellen, sprachlichen und pastoralen Gegebenheiten. Die Idee war, junge Männer aus diesen Regionen, die eine Berufung zum Ordensleben spürten, an einem zentralen Ort zusammenzubringen, wo sie eine solide theologische, philosophische und spirituelle Ausbildung erhalten könnten, bevor sie in ihre Heimatregionen zurückkehrten, um dort zu dienen.

Robert bezog mit einer kleinen Gemeinschaft von Augustinern ein bescheidenes Haus in einem Mittelschichtsviertel von Trujillo. Das Gebäude diente gleichzeitig als Wohnhaus für die Ordensleute, als Ausbildungszentrum für die Studenten und als Basis für die pastorale Arbeit in der umliegenden Gemeinde. Die einfachen Räumlichkeiten wurden nach und nach angepasst, um Platz für eine Kapelle, Studienräume, eine kleine Bibliothek und Wohnbereiche zu schaffen.

Als die ersten Kandidaten eintrafen, stand Robert vor einer herausfordernden Aufgabe: Er musste ein Ausbildungsprogramm entwickeln, das sowohl den hohen Standards des Ordens als auch den spezifischen Bedürfnissen der peruanischen Kirche und Kultur gerecht wurde. Die jungen Männer, die in das Programm eintraten, kamen aus unterschiedlichen Hintergründen – einige aus städtischen Zentren mit guter Schulbildung, andere aus abgelegenen ländlichen Gemeinden mit begrenztem Zugang zu formaler Bildung, manche mit indigenem Hintergrund und Quechua als Muttersprache.

"Roberts Ansatz war von Anfang an integrativ und respektvoll", erinnert sich P. Eduardo Pérez OSA, der damals als Ausbilder mit ihm zusammenarbeitete. "Er verstand, dass wir nicht einfach ein europäisches oder nordamerikanisches Modell der Ordensausbildung importieren konnten. Wir mussten ein Programm entwickeln, das in der peruanischen Realität verwurzelt war und zugleich an der universalen Tradition des Ordens teilhatte."

Das Ausbildungsprogramm, das unter Roberts Leitung Gestalt annahm, umfasste vier Hauptdimensionen: akademische Bildung, spirituelle Formung, gemeinschaftliches Leben und pastorale Erfahrung. Die akademische Komponente beinhaltete Kurse in Philosophie, Theologie, Kirchengeschichte, Liturgie und Kirchenrecht, die teils im Haus selbst, teils am Priesterseminar "San Carlos und San Marcelo" der Erzdiözese Trujillo angeboten wurden, wo Robert auch als Professor für Kirchenrecht, Patristik und Moral tätig war.

Die spirituelle Formung konzentrierte sich auf die augustinische Tradition mit ihrer Betonung der Innerlichkeit, der gemeinschaftlichen Dimension des geistlichen Lebens und des Dienstes an der Kirche. Regelmäßige Gebetszeiten, Meditation über die Schriften des heiligen Augustinus, geistliche Begleitung und Exerzitien bildeten das Rückgrat dieses Aspekts der Ausbildung.

Das gemeinschaftliche Leben, ein zentrales Element der augustinischen Spiritualität, wurde in der täglichen Erfahrung des Zusammenlebens, der gemeinsamen Mahlzeiten, der geteilten Verantwortung für

Hausarbeiten und der gegenseitigen Unterstützung gelebt. Robert legte großen Wert darauf, dass die Gemeinschaft ein echter Ort der Brüderlichkeit und des Dialogs war, in dem kulturelle Unterschiede nicht als Hindernisse, sondern als Bereicherung erfahren wurden.

Die pastorale Dimension umfasste praktische Erfahrungen in verschiedenen Bereichen kirchlichen Lebens: Mitarbeit in der Pfarrseelsorge, Begleitung von Jugendgruppen, Besuche in Krankenhäusern und Gefängnissen, Arbeit mit Armen in den Randgebieten der Stadt. Diese Praxiserfahrungen halfen den Studenten, ihre akademischen Kenntnisse mit der kirchlichen Realität zu verbinden und eine pastorale Sensibilität zu entwickeln.

Als Prior der Gemeinschaft (1988-1992) und Ausbildungsleiter (1988-1998) prägte Robert den Geist des Hauses durch sein eigenes Beispiel: seine tiefe Spiritualität, seine intellektuelle Redlichkeit, seine Disziplin und Arbeitsmoral, seine Sensibilität für kulturelle Unterschiede und seine Fähigkeit, zuzuhören und zu integrieren. Er war kein distanzierter Vorgesetzter, sondern ein Bruder unter Brüdern, der mit den Studenten betete, studierte, arbeitete und das Leben teilte.

Ein ehemaliger Student erinnert sich: "P. Roberto lebte, was er lehrte. Wenn er über die augustinische Gemeinschaft sprach, erlebten wir sie in der Art, wie er mit uns umging. Wenn er über den Dienst an den Armen sprach, sahen wir ihn selbst in den Elendsvierteln arbeiten. Wenn er über das Gebet sprach, wussten wir, dass er selbst Stunden in der Kapelle verbrachte. Seine Autorität kam nicht von seinem Amt, sondern von seiner Authentizität."

Parallel zu seiner Aufgabe als Ausbilder übernahm Robert auch Verantwortung in der lokalen Kirche von Trujillo. Von 1989 bis 1998 diente er als Kirchengerichtsvikar in der Erzdiözese, wo er sein kirchenrechtliches Fachwissen in den Dienst der pastoralen Anliegen stellte. In dieser Funktion befasste er sich vor allem mit Ehefällen, half bei der Klärung komplizierter Situationen und trug dazu bei, gerechte und barmherzige Lösungen für die Betroffenen zu finden.

Seine Tätigkeit am Kirchengericht verschaffte ihm tiefe Einblicke in die konkreten Probleme und Herausforderungen, mit denen die Menschen in Peru konfrontiert waren: wirtschaftliche Not, die zu Migration und

Familientrennung führte; Bildungsdefizite, die eine fundierte Entscheidungsfindung erschwerten; kulturelle Praktiken, die nicht immer mit dem kirchlichen Verständnis von Ehe und Familie übereinstimmten. Diese Erfahrungen vertieften sein Verständnis für die Komplexität pastoraler Situationen und die Notwendigkeit, Prinzipientreue mit pastoraler Flexibilität zu verbinden.

Roberts Engagement erstreckte sich auch auf die pastorale Betreuung lokaler Gemeinden. Von 1988 bis 1992 war er für die Pfarrei "Unsere Liebe Frau, Mutter der Kirche", später für St. Rita (1992-1998), in den ärmeren Randgebieten von Trujillo verantwortlich. Von 1992 bis 1999 diente er zudem als Administrator der Pfarrei "Unsere Liebe Frau von Monserrat", ebenfalls in Trujillo.

Diese Pfarreien lagen in Gebieten, die von schneller, oft ungeplanter Urbanisierung geprägt waren, mit einem hohen Anteil an Binnenmigranten, die aus ländlichen Gebieten in die Stadt gekommen waren, auf der Suche nach Arbeit und besseren Lebensbedingungen. Die pastoralen Herausforderungen waren enorm: von der Integration dieser Neuankömmlinge in die städtische Gesellschaft über die Bewältigung von Armut, Arbeitslosigkeit und prekären Wohnverhältnissen bis hin zur Vermittlung zwischen traditionellen religiösen Praktiken und dem offiziellen kirchlichen Leben.

Roberts Ansatz in der Pfarrseelsorge war geprägt von seiner Offenheit für die Beteiligung der Laien, seiner Sensibilität für die sozialen Nöte der Gemeinde und seinem Einsatz für eine inkulturierte Liturgie und Katechese. Er förderte die Bildung von Basisgemeinden, in denen kleine Gruppen von Gläubigen regelmäßig zusammenkamen, um die Bibel zu lesen, über ihren Glauben zu reflektieren und gemeinsam zu handeln. Er initiierte Sozialprojekte, die auf die drängendsten Bedürfnisse der Gemeinde reagierten, wie Volksküchen für Bedürftige, Alphabetisierungsprogramme und handwerkliche Kooperativen für Frauen.

Die 1990er Jahre waren eine turbulente Zeit in der peruanischen Geschichte. Unter der Präsidentschaft von Alberto Fujimori (1990-2000) erlebte das Land einerseits eine wirtschaftliche Stabilisierung nach Jahren der Hyperinflation, andererseits eine zunehmende politische Autoritarisierung. Der bewaffnete Konflikt mit dem "Leuchtenden Pfad" und anderen

Guerillabewegungen erreichte seinen Höhepunkt und ebbte nach der Gefangennahme von Abimael Guzmán, dem Anführer des Sendero Luminoso, im Jahr 1992 allmählich ab.

Diese politischen und sozialen Entwicklungen wirkten sich direkt auf die Gemeinden aus, in denen Robert tätig war. Viele Familien hatten Angehörige verloren oder waren selbst Opfer von Gewalt geworden. Die wirtschaftlichen Reformen Fujimoris, die zwar die Inflation eindämmten, führten kurzfristig zu erhöhter Arbeitslosigkeit und Armut, besonders in den städtischen Randgebieten. Zugleich strömten neue religiöse Bewegungen, besonders evangelikale und pfingstlerische Gruppen, ins Land und stellten eine wachsende Herausforderung für die katholische Pastoral dar.

In diesem komplexen Kontext zeigte sich Roberts Fähigkeit, spirituelle Tiefe mit sozialer Sensibilität, lehramtliche Treue mit pastoraler Flexibilität zu verbinden. Er begleitete die Menschen durch diese schwierigen Zeiten, bot ihnen spirituelle Orientierung und konkrete Hilfe und half ihnen, ihren Glauben als Quelle der Hoffnung und des Engagements für eine gerechtere Gesellschaft zu leben.

Ein besonderes Anliegen war ihm die Ausbildung von Laien zu verantwortlichen Mitarbeitern in der Gemeinde. Er organisierte Kurse für Katecheten, Lektoren, Kommunionhelfer und Gemeindeleiter, in denen biblisches, theologisches und praktisches Wissen vermittelt wurde. Diese gut ausgebildeten Laien übernahmen zunehmend Verantwortung in verschiedenen Bereichen des Gemeindelebens und trugen wesentlich zur Vitalität und Nachhaltigkeit der pastoralen Arbeit bei.

"P. Roberto hat uns nicht nur Wissen vermittelt, sondern uns gezeigt, dass wir selbst Akteure in der Kirche sind, nicht nur passive Empfänger", berichtet María Elena Vásquez, eine ehemalige Katechetin in der Pfarrei St. Rita. "Er hat uns beigebracht, die Bibel nicht nur zu lesen, sondern sie im Kontext unseres Lebens zu interpretieren, und er hat uns ermutigt, Verantwortung für unsere Gemeinde zu übernehmen."

Parallel zu seinem pastoralen Engagement setzte Robert seine Arbeit als Lehrer der Professen (1992-1998) fort. In dieser Zeit vertiefte er seine Kenntnis der augustinischen Spiritualität und entwickelte innovative Ansätze, um diese alte Tradition für junge Peruaner relevant und zugänglich zu machen. Die Schriften des heiligen Augustinus, mit ihrer Betonung der inneren Suche nach Gott, der Gemeinschaft der Liebe und des Dienstes an der Kirche, boten eine reiche Quelle der Inspiration für Menschen, die in einer Zeit des Umbruchs und der Unsicherheit nach Orientierung suchten.

"Er hatte die Gabe, komplexe theologische Konzepte in einfache, lebensnahe Worte zu fassen", berichtet ein ehemaliger Student. "Wenn er über Augustinus sprach, hatte man nicht das Gefühl, einen Gelehrten aus dem 5. Jahrhundert zu studieren, sondern einen Freund zu treffen, der uns etwas Wichtiges zu sagen hat. Er konnte Brücken bauen zwischen der antiken Weisheit und unserer heutigen Realität."

Roberts pädagogischer Ansatz war geprägt von seiner Überzeugung, dass wahre Bildung nicht nur in der Vermittlung von Wissen besteht, sondern in der Entwicklung der ganzen Person. Er legte Wert auf kritisches Denken, auf die Verbindung von Theorie und Praxis, auf spirituelle Tiefe und soziales Engagement. Sein Ziel war es, Ordensleute heranzubilden, die sowohl in ihrer augustinischen Tradition verwurzelt als auch fähig waren, auf die Herausforderungen ihrer Zeit und Umgebung zu reagieren.

Die Auswirkungen dieser Ausbildungstätigkeit wurden in den folgenden Jahren sichtbar, als viele der von Robert ausgebildeten Augustiner verantwortungsvolle Positionen in den verschiedenen Vikariaten des Ordens in Peru übernahmen und dort seinen ganzheitlichen Ansatz weitertrugen. Einige gingen in die akademische Lehre, andere widmeten sich der Pfarrseelsorge, wieder andere engagierten sich in sozialen Projekten – alle geprägt von der soliden Grundlage, die sie in Trujillo erhalten hatten.

Die Jahre in Trujillo waren für Robert auch eine Zeit des persönlichen Wachstums und der Vertiefung. Die tägliche Auseinandersetzung mit den vielfältigen Herausforderungen der Ausbildung, der Seelsorge und der kirchlichen Verwaltung forderten ihn heraus, seine eigenen Fähigkeiten weiterzuentwickeln und seine Spiritualität zu vertiefen. Die Begegnung mit den unterschiedlichen Hintergründen und Persönlichkeiten der Studenten, die Konfrontation mit Armut und Unrecht in den Pfarreien, die Komplexität der Fälle am Kirchengericht – all dies erweiterte seinen Horizont und schärfte sein pastorales Gespür.

Ein Mitbruder aus dieser Zeit berichtet: "Robert war kein Mensch, der sich auf seinen Lorbeeren ausruhte. Er war ständig am Lernen, am Reflektieren, am Wachsen. Jede Erfahrung, ob positiv oder herausfordernd, nahm er als Gelegenheit, tiefer zu verstehen und besser zu dienen. Diese Haltung des ständigen Lernens und der Offenheit für neue Erkenntnisse machte ihn zu einem inspirierenden Vorbild für uns alle."

Die lange Zeit in Trujillo führte auch zu einer tiefen Verwurzelung Roberts in der peruanischen Kultur und Gesellschaft. Er erwarb nicht nur fließende Spanischkenntnisse, sondern auch ein Gespür für die feinen kulturellen Nuancen, die traditionellen Werte und die modernen Strömungen, die das Leben in Peru prägten. Er lernte, die Welt aus der Perspektive der Peruaner zu sehen, ihre Freuden und Sorgen zu teilen, ihre Ausdrucksformen zu verstehen und zu schätzen.

Diese kulturelle Integration ging so weit, dass Robert 1993 die peruanische Staatsbürgerschaft beantragte und erhielt. Dieser Schritt war mehr als eine formale Angelegenheit; er war ein Ausdruck seiner tiefen Verbundenheit mit dem Land und seiner Entscheidung, sein Leben dauerhaft in den Dienst der peruanischen Kirche zu stellen. Fortan hatte er neben der amerikanischen auch die peruanische Staatsbürgerschaft – eine doppelte Identität, die ihn befähigte, als Brückenbauer zwischen verschiedenen Welten zu wirken.

Nach zehn intensiven Jahren in Trujillo bahnte sich Ende der 1990er Jahre ein weiterer Wendepunkt in Roberts Leben an. Seine Fähigkeiten als Seelsorger, Ausbilder und Kirchenrechtler, seine interkulturelle Kompetenz und seine ausgewogene, integrative Herangehensweise an komplexe Fragen hatten ihn weit über die Grenzen Trujillos hinaus bekannt gemacht. Im Jahr 1998 wurde er von seinen Mitbrüdern zum Provinzialoberen der Augustiner in Peru gewählt – eine Position, die ihm eine erweiterte Verantwortung für die Entwicklung des Ordens im ganzen Land übertrug.

Die Zeit in Trujillo hatte Robert Prevost entscheidend geformt. Der junge Kirchenrechtler aus Chicago, der 1988 mit seinem akademischen Wissen und seinem Enthusiasmus für die Mission nach Trujillo gekommen war, verließ die Stadt zehn Jahre später als gereifter Seelsorger und Ausbilder mit tiefer Verwurzelung in der peruanischen Kultur und einem reichen Schatz an pastoraler Erfahrung. Die Vielfalt der Aufgaben, die er in dieser Zeit übernommen hatte – als Prior der Gemeinschaft, als Ausbildungsleiter, als Professor, als Pfarrer, als Kirchengerichtsvikar – hatte ihm ein breites Spektrum an Fähigkeiten und Einsichten vermittelt, die ihn für höhere Führungsaufgaben qualifizierten.

Vor allem aber hatte er in diesen Jahren eine tiefe Verbindung zu den Menschen aufgebaut – zu den jungen Augustinern, die er ausbildete, zu den Gemeindemitgliedern, die er seelsorgerisch begleitete, zu den Mitarbeitern in Pfarrei und Hochschule, mit denen er zusammenarbeitete. Diese menschliche Dimension, diese Fähigkeit, authentische Beziehungen aufzubauen und Menschen in ihrer Entwicklung zu fördern, sollte ein Markenzeichen seines Wirkens bleiben – als Provinzial, als Generalprior, als Bischof und schließlich als Papst.

Als Robert 1998 Trujillo verließ, um seine neue Aufgabe als Provinzial in Lima zu übernehmen, hinterließ er ein blühendes Ausbildungszentrum, lebendige Pfarrgemeinden und viele Menschen, die durch seine Präsenz und sein Wirken bereichert worden waren. Sein augustinisches Motto "Ein Herz und eine Seele auf Gott hin" hatte sich in der Realität von Trujillo konkretisiert – in einer Gemeinschaft, die trotz aller Unterschiede und Herausforderungen in Liebe verbunden war und gemeinsam nach Gott suchte.

Die Saat, die Robert in den zehn Jahren als Ausbilder und Seelsorger in Trujillo ausgestreut hatte, würde in den kommenden Jahren reiche Frucht tragen – in den Leben der Augustiner, die er ausgebildet hatte, in den Gemeinden, die er geprägt hatte, und in der peruanischen Kirche insgesamt, zu deren Erneuerung er beigetragen hatte. Und die Früchte dieser Jahre würden auch in seinem eigenen weiteren Weg sichtbar werden, der ihn über Lima und Rom schließlich in das höchste Amt der katholischen Kirche führen sollte.

KAPITEL 8: AN DER SEITE DER ARMEN: SOZIALES ENGAGEMENT IN DEN RANDBEZIRKEN (1988-1999)

Die Pfarreien "Unsere Liebe Frau, Mutter der Kirche" und später St. Rita, in denen Robert Francis Prevost in den Jahren 1988 bis 1998 wirkte, lagen in den sogenannten "pueblos jóvenes" (jungen Siedlungen) am Rande von Trujillo. Diese informellen Siedlungen, vergleichbar mit Favelas oder Slums in anderen lateinamerikanischen Ländern, entstanden seit den 1970er Jahren durch massive Landflucht und unkontrolliertes Städtewachstum. Tausende von Familien aus den ländlichen Gebieten der Anden und des Amazonasgebiets kamen auf der Suche nach besseren Lebensbedingungen in die Stadt, oft getrieben von extremer Armut, mangelnden Bildungsmöglichkeiten oder auch der Gewalt, die mit dem bewaffneten Konflikt einherging.

Diese Migranten ließen sich zunächst in provisorischen Hütten aus Schilfmatten (esteras) am Stadtrand nieder, ohne Zugang zu grundlegender Infrastruktur wie fließendem Wasser, Kanalisation oder Elektrizität. Mit der Zeit und durch kollektive Selbsthilfe verbesserten die Bewohner ihre Unterkünfte, bauten einfache Ziegelhäuser und kämpften für die Bereitstellung öffentlicher Dienstleistungen. Die "pueblos jóvenes" waren geprägt von einer starken Gemeinschaftsorganisation, mit Nachbarschaftskomitees, kommunalen Küchen, Mütterclubs und anderen Formen der Solidarität, die es den Menschen ermöglichten, unter schwierigsten Bedingungen zu überleben.

Als Robert seine Arbeit in diesen Gemeinden begann, stand er vor gewaltigen Herausforderungen. Die materielle Not war allgegenwärtig: Familien lebten in beengten, unhygienischen Verhältnissen, Unterernährung bei Kindern war weit verbreitet, medizinische Versorgung kaum zugänglich, und viele Erwachsene fanden nur prekäre Beschäftigungen im informellen Sektor. Die sozialen Probleme waren nicht weniger gravierend: hohe Raten von häuslicher Gewalt, Alkoholismus, zerrüttete Familien, Jugendkriminalität und ein allgemeines Gefühl der Marginalität und Ausgrenzung.

"Als ich zum ersten Mal in diese Viertel kam", erinnerte sich Robert später, "war ich überwältigt von der Armut, aber noch mehr beeindruckt von der Würde und Resilienz der Menschen. Sie hatten so wenig und teilten doch so viel. Sie lebten unter unvorstellbar schwierigen Bedingungen und bewahrten dennoch ihren Glauben, ihre Hoffnung und ihre Fähigkeit zur Freude. Es war eine Lektion in Demut und Menschlichkeit."

Roberts Ansatz in der Arbeit mit diesen Gemeinden war geprägt von der Option für die Armen, die seit der Bischofskonferenz von Medellín (1968) ein zentrales Element der lateinamerikanischen Kirche geworden war. Diese Option bedeutete nicht nur eine vorrangige Sorge für die materiellen Bedürfnisse der Armen, sondern auch ein Engagement für ihre Würde, ihre Rechte und ihre aktive Teilnahme am kirchlichen und gesellschaftlichen Leben.

In praktischer Hinsicht führte dies zu einer Reihe von Initiativen, die Robert in Zusammenarbeit mit engagierten Laien und anderen religiösen und zivilgesellschaftlichen Organisationen entwickelte. Ein Schwerpunkt lag auf der Einrichtung von "comedores populares" (Volksküchen), in denen mit Unterstützung internationaler Hilfsorganisationen nahrhafte Mahlzeiten zu niedrigen Preisen oder kostenlos für bedürftige Familien angeboten wurden. Diese Küchen wurden von den Frauen der Gemeinde selbst verwaltet und dienten nicht nur der Ernährungssicherheit, sondern auch als Orte der Begegnung, der Bildung und der Stärkung weiblicher Führungsrollen.

Ein weiteres wichtiges Projekt war die Einrichtung einer "botiquín comunal" (Gemeindeapotheke), die grundlegende Medikamente zu erschwinglichen Preisen anbot und erste Hilfe bei Krankheiten und Verletzungen leistete. Angesichts der mangelhaften öffentlichen Gesundheitsversorgung und der hohen Kosten privater Einrichtungen war diese Initiative für viele Familien ein lebenswichtiger Dienst.

Bildung war ein weiterer Schwerpunkt von Roberts sozialem Engagement. In Zusammenarbeit mit lokalen Lehrern und Freiwilligen organisierte er Nachhilfeprogramme für Schulkinder, Alphabetisierungskurse für Erwachsene und berufliche Weiterbildungsmöglichkeiten für Jugendliche und junge Erwachsene. Ein besonderes Anliegen war ihm die Förderung von Mädchen und Frauen, deren Bildungschancen in der traditionell machistischen Gesellschaft oft eingeschränkt waren.

"P. Roberto verstand, dass Bildung der Schlüssel zur Befreiung ist", berichtet Luisa Mendoza, eine ehemalige Lehrerin an einer der Gemeindeschulen. "Er ermutigte besonders die Mädchen, ihre Ausbildung fortzusetzen, und half ihnen, Stipendien zu finden oder Teilzeitarbeit, die mit dem Schulbesuch vereinbar war. Er sagte immer: 'Eine gebildete Frau kann eine ganze Familie verändern, und veränderte Familien können eine Gesellschaft verändern.'"

Neben diesen konkreten Hilfsprojekten engagierte sich Robert auch in der Bewusstseinsbildung und Anwaltschaft für soziale Gerechtigkeit. In seinen Predigten, Katechesen und Gemeindetreffen sprach er offen über die strukturellen Ursachen von Armut und Ungleichheit, über die Verantwortung der Wohlhabenden und Mächtigen und über den christlichen Auftrag zur Solidarität und zum Einsatz für Gerechtigkeit. Er organisierte Workshops und Diskussionsrunden zu sozialen Themen, in denen die Gemeindemitglieder lernten, ihre Situation zu analysieren, ihre Rechte zu kennen und Wege zu finden, gemeinsam für Verbesserungen einzutreten.

"Er war kein Revolutionär im politischen Sinne", erklärt P. Carlos Díaz OSA, der damals mit Robert zusammenarbeitete, "aber er war überzeugt, dass das Evangelium eine tiefgreifende soziale Dimension hat und dass die Kirche die prophetische Aufgabe hat, Unrecht anzuprangern und für eine gerechtere Ordnung einzutreten. Er suchte nicht die Konfrontation um ihrer selbst willen, sondern den Dialog und die Zusammenarbeit mit allen, die guten Willens waren, um konkrete Verbesserungen für die Ärmsten zu erreichen."

In seiner Arbeit in den Randbezirken legte Robert großen Wert auf die Inkulturation des Glaubens. Er respektierte die traditionellen religiösen Ausdrucksformen der Migranten, die oft eine Mischung aus katholischen und indigenen Elementen darstellten, und suchte nach Wegen, diese Traditionen mit der kirchlichen Lehre zu verbinden. Die lebhaften Prozessionen, Volksfrömmigkeitsrituale und Patronatsfeste wurden nicht unterdrückt, sondern in das pastorale Programm integriert und als Ausdruck eines lebendigen, inkulturierten Glaubens gewürdigt.

Ein charakteristisches Merkmal von Roberts sozialem Engagement war sein Fokus auf die Förderung lokaler Führungspersönlichkeiten. Er erkannte, dass nachhaltige Veränderung nur möglich war, wenn die Menschen selbst zu Protagonisten ihrer Entwicklung wurden. Daher investierte er viel Zeit und Energie in die Ausbildung und Begleitung von Gemeindeführern – Männern und Frauen, die Verantwortung für verschiedene Aspekte des Gemeindelebens übernahmen, sei es in der Katechese, in sozialen Projekten, in liturgischen Diensten oder in der Verwaltung.

"P. Roberto hat uns nie gesagt, was wir tun sollen", erinnert sich Javier Ortiz, ein ehemaliger Gemeindeleiter. "Er hat uns gefragt, was wir für notwendig hielten, und dann hat er uns geholfen, es zu tun. Er hat uns nicht nur praktische Fähigkeiten vermittelt, sondern auch das Selbstvertrauen und die spirituelle Tiefe, die wir brauchten, um in unserer Gemeinschaft zu dienen. Er war mehr ein Begleiter als ein Anführer, mehr ein Bruder als ein Vater."

Die Jahre des intensiven sozialen Engagements in den Randbezirken von Trujillo hinterließen tiefe Spuren in Roberts Persönlichkeit und pastoraler Vision. Die tägliche Begegnung mit den Härten des Lebens in den "pueblos jóvenes", aber auch mit der Würde, dem Glauben und der Solidarität ihrer Bewohner vertiefte sein Verständnis für die Option für die Armen und formte seine Sicht auf die Kirche als "arme Kirche für die Armen", wie es später Papst Franziskus formulieren würde.

Diese Erfahrungen schärften auch seinen Blick für die komplexen Zusammenhänge zwischen pastoralen, sozialen und politischen Dimensionen des kirchlichen Auftrags. Er lernte, wie wichtig es ist, konkrete Hilfe mit strukturellen Veränderungen zu verbinden, spirituelle Begleitung mit sozialem Engagement, persönliche Bekehrung mit gesellschaftlicher Transformation. Diese ganzheitliche Sicht des Evangeliums und der kirchlichen Sendung würde sein zukünftiges Wirken in höheren Ämtern prägen.

Ein weiterer Aspekt seines sozialen Engagements war die ökumenische und interreligiöse Zusammenarbeit. In den Armutsgebieten wirkten verschiedene christliche Konfessionen und andere religiöse Gruppen, und Robert erkannte, dass gemeinsames Handeln für das Wohl der Menschen wichtiger war als konfessionelle Differenzen. Er arbeitete mit protestantischen Gemeinden, Nichtregierungsorganisationen und lokalen Initiativen zusammen, ohne seine katholische Identität zu verleugnen, aber mit Respekt für andere Überzeugungen und Traditionen.

Die schwierigen Jahre der Fujimori-Regierung, besonders nach dem "Selbstputsch" von 1992, mit dem der Präsident das Parlament auflöste und seine autokratische Macht ausbaute, stellten Robert vor neue Herausforderungen. Die neoliberalen Wirtschaftsreformen, die unter internationaler Aufsicht durchgeführt wurden, verschärften kurzfristig die Lage der Ärmsten, während die zunehmende Repression gegen politische Gegner und kritische Stimmen ein Klima der Angst schuf.

In dieser Situation war es nicht leicht, die prophetische Stimme der Kirche zu erheben, ohne in politische Kontroversen hineingezogen zu werden. Robert navigierte diese komplexe Landschaft mit Klugheit und Courage, indem er einerseits konkrete Hilfe für die von der Wirtschaftskrise besonders betroffenen Menschen organisierte und andererseits klare Worte gegen Menschenrechtsverletzungen und autoritäre Tendenzen fand, ohne sich von einer politischen Seite vereinnahmen zu lassen.

Gegen Ende der 1990er Jahre, als Robert seine Arbeit als Pfarrer in den Randbezirken von Trujillo abschloss, um neue Verantwortung als Provinzial zu übernehmen, konnte er auf beachtliche Erfolge zurückblicken: lebendige Gemeinden mit einer starken Beteiligung von Laien, funktionierende soziale Projekte, die auch ohne seine direkte Präsenz weiterbestehen würden, und viele Menschen, deren Leben durch seine Unterstützung und Begleitung positiv verändert worden war.

Doch vielleicht noch wichtiger als diese sichtbaren Ergebnisse war die Erfahrung, die er selbst in diesen Jahren gemacht hatte: die Begegnung mit dem Evangelium in den Gesichtern der Armen, die Entdeckung der Kraft der Solidarität und der Gemeinschaft, die Erkenntnis, dass wahre pastorale Autorität im Dienst und in der Nähe zu den Menschen wurzelt. Diese Erfahrungen würden sein weiteres Wirken als Kirchenführer nachhaltig prägen und zu einem wesentlichen Element seiner Identität werden – einer Identität, die in der Spannung zwischen akademischer Brillanz und praktischer Weisheit, zwischen universaler Perspektive und konkretem Engagement, zwischen nordamerikanischer Effizienz und lateinamerikanischer Menschlichkeit gereift war.

Als Robert im Jahr 1999 Trujillo endgültig verließ, nahm er mit sich nicht nur die Erinnerungen an die vielen Menschen, denen er begegnet war, sondern auch eine tiefere Einsicht in das Wesen der Kirche und ihrer Sendung in der Welt. Die Jahre an der Seite der Armen hatten ihn geformt und vorbereitet für die größeren Aufgaben, die noch vor ihm lagen – Aufgaben, die ihn letztendlich auf den Stuhl des heiligen Petrus führen sollten.

KAPITEL 9: PROVINZIALOBERER DER AUGUSTINER IN PERU (1998-2001)

Im Jahr 1998 trat Robert Francis Prevost in eine neue Phase seines kirchlichen Wirkens ein. Nach zehn intensiven Jahren als Ausbilder, Professor und Seelsorger in Trujillo wählten ihn seine Mitbrüder zum Provinzialoberen der Augustiner in Peru. Diese Wahl spiegelte das große Vertrauen wider, das er sich durch sein bisheriges Wirken erworben hatte, und markierte zugleich einen Wendepunkt in seiner Laufbahn: Vom direkten pastoralen Engagement und der akademischen Lehre wechselte er nun in eine Leitungsposition mit erheblicher Verantwortung für die Entwicklung des Ordens im gesamten Land.

Die Provinz "Unserer Lieben Frau vom guten Rat", der Robert nun vorstand, umfasste etwa 80 Augustiner in verschiedenen Gemeinschaften und apostolischen Werken über ganz Peru verteilt. Diese Präsenzen reichten von den urbanen Zentren Lima und Trujillo über die Küstenregion um Chulucanas bis hin zu den entlegenen Gemeinden in den Anden und im Amazonasgebiet. Die kulturelle, sprachliche und pastorale Vielfalt dieser Präsenzen stellte eine besondere Herausforderung für die Führung der Provinz dar.

Roberts Amtssitz als Provinzial befand sich in Lima, der pulsierenden Hauptstadt Perus mit damals etwa acht Millionen Einwohnern. Von hier aus koordinierte er die Aktivitäten der verschiedenen Gemeinschaften, besuchte regelmäßig die entfernten Niederlassungen, vertrat den Orden gegenüber kirchlichen und zivilen Autoritäten und pflegte die Beziehungen zu anderen religiösen Gemeinschaften und zur augustinischen Weltfamilie.

Die späten 1990er Jahre waren eine herausfordernde Zeit für Peru. Das Land hatte zwar mit der Zerschlagung des Sendero Luminoso eine Phase der terroristischen Gewalt weitgehend überwunden, stand aber vor erheblichen wirtschaftlichen und politischen Problemen. Die neoliberalen Reformen unter Präsident Fujimori hatten zwar die Hyperinflation gebändigt und ein gewisses Wirtschaftswachstum eingeleitet, aber die soziale Ungleichheit blieb enorm, und weite Teile der Bevölkerung lebten in

Armut. Zugleich wuchs die Kritik am autoritären Regierungsstil Fujimoris und an der zunehmenden Korruption in seinem Umfeld.

Für die Kirche und besonders für die Orden bedeuteten diese Umstände große Herausforderungen. Die materielle Not erforderte verstärktes karitatives Engagement, während die politische Situation eine klare ethische Orientierung ohne parteipolitische Vereinnahmung notwendig machte. Zugleich mussten sie auf die veränderten religiösen Bedürfnisse in einer sich rasch wandelnden Gesellschaft reagieren und neue Wege der Evangelisierung finden.

In diesem Kontext setzte Robert als Provinzial drei Hauptschwerpunkte, die seine Amtszeit prägen sollten: die Stärkung der augustinischen Identität und Gemeinschaft, die Förderung der Ordensberufungen und Ausbildung einheimischer Mitglieder, und die Entwicklung zeitgemäßer pastoraler Ansätze im Dienst der peruanischen Gesellschaft.

Die Stärkung der augustinischen Identität und Gemeinschaft war angesichts der geografischen und kulturellen Vielfalt der Provinz eine dringende Aufgabe. Robert organisierte regelmäßige Provinzversammlungen, bei denen Mitbrüder aus allen Teilen des Landes zusammenkamen, um gemeinsam zu beten, Erfahrungen auszutauschen und über die Zukunft des Ordens zu beraten. Er förderte spirituelle Erneuerungsprogramme, die auf der reichen augustinischen Tradition basierten, und sorgte für eine solide theologische und pastorale Weiterbildung der Mitbrüder.

"P. Roberto hatte eine besondere Gabe, die Einheit in der Vielfalt zu fördern", erinnert sich P. Miguel Torres OSA, der damals dem Provinzrat angehörte. "Er respektierte die unterschiedlichen pastoralen Ansätze und kulturellen Kontexte, in denen wir arbeiteten, betonte aber stets das gemeinsame augustinische Charisma, das uns verband. Er war kein Uniformist, sondern ein Integrator, der die Vielfalt als Reichtum und nicht als Bedrohung sah."

Ein zweiter Schwerpunkt lag auf der Förderung von Ordensberufungen und der Ausbildung einheimischer Mitglieder. Die augustinische Präsenz in Peru war traditionell stark von ausländischen Missionaren geprägt, besonders aus den USA und Spanien. Robert erkannte, dass die Zukunft des Ordens in Peru von der Entwicklung einer einheimischen Präsenz abhängen würde, mit Augustinern, die in der peruanischen Kultur und

Gesellschaft verwurzelt waren und zugleich an der universalen augustinischen Tradition teilhatten.

Er reorganisierte daher das Berufungspastoralprogramm der Provinz, ernannte engagierte und gut ausgebildete Mitbrüder zu Berufungsdirektoren in den verschiedenen Regionen und förderte eine gezielte Ansprache junger Menschen durch Jugendgruppen, Schulen und Pfarreien. Gleichzeitig sorgte er für eine qualitativ hochwertige und kulturell angemessene Ausbildung der Kandidaten, die in den Orden eintraten.

"Er verstand, dass wir keine nordamerikanischen oder europäischen Modelle kopieren konnten", berichtet P. Jorge Izaguirre OSA, der später selbst Provinzial werden sollte. "Er half uns, eine Ausbildung zu entwickeln, die sowohl der peruanischen Realität entsprach als auch den hohen Standards des Ordens gerecht wurde. Er betonte, dass wir keine augustinischen Ghettos schaffen dürften, sondern eine Gemeinschaft, die in der lokalen Kirche und Gesellschaft verwurzelt und zugleich mit der weltweiten augustinischen Familie verbunden war."

Der dritte Schwerpunkt von Roberts Arbeit als Provinzial war die Entwicklung zeitgemäßer pastoraler Ansätze für die vielschichtigen Herausforderungen der peruanischen Gesellschaft. Er ermutigte die Gemeinschaften, kreative Antworten auf die Bedürfnisse ihrer jeweiligen Umgebung zu finden, sei es in der Stadtpastoral, in ländlichen Gemeinden oder in speziellen Diensten wie Schulen, Gesundheitszentren oder sozialen Projekten.

Ein besonderes Anliegen war ihm die Förderung der Laienpartizipation in allen Bereichen des kirchlichen Lebens. Auf der Grundlage seiner eigenen Erfahrungen in Trujillo entwickelte er Programme zur Ausbildung von Laienführern, förderte die Bildung von Basisgemeinden und suchte nach Wegen, um Laien echte Verantwortung in der Pfarrseelsorge, in der Katechese und in sozialen Diensten zu übertragen.

"Er war seiner Zeit voraus, was die Rolle der Laien betrifft", meint María Luisa Gamarra, die damals in einer augustinischen Pfarrei in Lima arbeitete. "Er sprach von einer 'synodalen Kirche', lange bevor dieser Begriff populär wurde – einer Kirche, in der Kleriker und Laien gemeinsam unterwegs sind, einander zuhören und gemeinsam Verantwortung tragen. Er förderte besonders die Rolle der Frauen in der Kirche, nicht nur in traditionell 'weiblichen' Bereichen wie Katechese oder karitative Arbeit, sondern auch in Entscheidungspositionen."

Roberts Führungsstil als Provinzial war geprägt von seiner augustinischen Vision einer Gemeinschaft, die in gegenseitiger Liebe und gemeinsamer Suche nach Gott verbunden ist. Er verstand Autorität nicht als Machtausübung, sondern als Dienst an der Gemeinschaft und an ihrer Mission. Er war ein aufmerksamer Zuhörer, der die Meinungen und Perspektiven aller Betroffenen einholte, bevor er Entscheidungen traf, aber auch entschlossen handelte, wenn es notwendig war.

"Er hatte eine natürliche Autorität, die nicht auf seinem Amt, sondern auf seinem persönlichen Beispiel und seiner Integrität beruhte", erinnert sich P. Antonio Lozano OSA, ein spanischer Augustiner, der in Peru tätig war. "Er forderte viel von uns, aber nie mehr, als er selbst zu geben bereit war. Er konnte kritisch sein, wenn es notwendig war, aber immer konstruktiv und respektvoll. Und er hatte die seltene Gabe, Fehler einzugestehen und um Verzeihung zu bitten, wenn er falsch lag."

Ein wichtiger Aspekt von Roberts Amtszeit als Provinzial war die Vertiefung der Beziehungen zur Gesamtkirche in Peru. Er arbeitete eng mit der Peruanischen Bischofskonferenz zusammen, besonders in Fragen der sozialen Gerechtigkeit, der Evangelisierung und der Ausbildung von Priestern und Ordensleuten. Er pflegte gute Beziehungen zu anderen religiösen Gemeinschaften und war aktiv in der Peruanischen Konferenz der Ordensleute (CONFER), einem Dachverband aller im Land tätigen Orden und Kongregationen.

Diese ökumenische und vernetzte Arbeitsweise ermöglichte gemeinsame Initiativen und Stellungnahmen, besonders in der zunehmend kritischen Situation gegen Ende der Fujimori-Regierung. Als 2000 Wahlfälschungsverdacht aufkam und es zu Massenprotesten gegen den Präsidenten kam, gehörte Robert zu den religiösen Führern, die sich für einen friedlichen Übergang zu einer authentischeren Demokratie einsetzten. Seine ausgewogene, prinzipientreue, aber nicht parteiische Haltung machte ihn zu einem respektierten Gesprächspartner sowohl für die Opposition als auch für Regierungsvertreter.

Die wirtschaftlichen Herausforderungen der Zeit erforderten von Robert auch eine sorgfältige Verwaltung der begrenzten Ressourcen der

Provinz. Er implementierte transparente Finanzpraktiken, förderte eine gerechte Verteilung der Mittel zwischen wohlhabenderen und ärmeren Gemeinschaften und entwickelte Strategien für langfristige finanzielle Nachhaltigkeit, ohne die Option für die Armen zu vernachlässigen. Seine scharfsinnige Verwaltung in schwierigen Zeiten sicherte die materielle Basis für die Fortsetzung der augustinischen Mission in Peru.

Die internationale Dimension der augustinischen Gemeinschaft war ein weiterer Bereich, in dem Robert als Provinzial wirkte. Er pflegte enge Kontakte zum Generalat des Ordens in Rom, zu den Provinzen in Nordamerika, aus denen viele der Missionare in Peru stammten, und zu anderen augustinischen Präsenzen in Lateinamerika. Er förderte den Austausch von Personen, Ideen und Ressourcen innerhalb der weltweiten augustinischen Familie und trug so zur Stärkung der internationalen Solidarität bei.

Diese internationalen Beziehungen und Roberts wachsender Ruf als weiser und ausgewogener Führungspersönlichkeit blieben in Rom nicht unbemerkt. Als sich das Generalkapitel des Augustinerordens im Jahr 2001 versammelte, um einen neuen Generalprior zu wählen, richteten sich die Augen vieler Kapitulare auf den Provinzial aus Peru, der sowohl nordamerikanische als auch lateinamerikanische Perspektiven verkörperte und in seiner Provinz einen beeindruckenden Weg der Erneuerung und des Wachstums eingeleitet hatte.

Die Wahl Roberts zum Generalprior des gesamten Augustinerordens im September 2001 war ein Zeugnis für die Anerkennung, die er sich durch seine Arbeit in Peru erworben hatte. Für ihn selbst bedeutete sie jedoch einen schwierigen Abschied von dem Land, das in den vergangenen 16 Jahren zu seiner zweiten Heimat geworden war, und von den Menschen, mit denen er Freud und Leid geteilt hatte.

"Als bekannt wurde, dass er nach Rom gehen würde, gab es viele Tränen", berichtet Carmen Valdivia, eine langjährige Mitarbeiterin in der Provinzverwaltung. "Nicht nur unter den Augustinern, sondern auch unter den vielen Laien, die mit ihm gearbeitet hatten, und den einfachen Menschen in den Gemeinden, die ihn schätzten. Es wurde klar, wie sehr er in die Herzen der Menschen eingedrungen war, nicht durch große Gesten, sondern durch seine stille, beständige Präsenz und Fürsorge."

Bevor Robert Peru verließ, um seine neue Aufgabe in Rom anzutreten, organisierte die Provinz eine Reihe von Abschiedsfeiern in den verschiedenen Gemeinschaften, in denen er gewirkt hatte. Die größte dieser Feiern fand in Trujillo statt, der Stadt, in der er am längsten gelebt und gearbeitet hatte. Hunderte von Menschen kamen zusammen – Augustiner, andere Ordensleute, Priester, Laien aus den Pfarreien, ehemalige Studenten, Mitarbeiter in sozialen Projekten – um ihre Dankbarkeit und Zuneigung auszudrücken.

In seiner Abschiedsrede in Trujillo betonte Robert, dass er Peru nicht wirklich verlasse: "Ein Teil meines Herzens wird immer hierbleiben", sagte er. "Die Erfahrungen, die ich hier gemacht habe, die Menschen, denen ich begegnet bin, die Lektionen, die ich gelernt habe – all das nehme ich mit nach Rom und in meine zukünftige Arbeit. Ich gehe als Peruaner und als Augustiner, geprägt von diesem Land und seinen Menschen, und ich gehe, um in einem größeren Rahmen zu dienen, aber immer mit dem Blick auch auf die Peripherien, auf die Armen und Marginalisierten, die uns das wahre Gesicht Christi zeigen."

Diese Worte waren mehr als eine sentimentale Geste. Sie reflektierten eine tiefe Wahrheit über Roberts Entwicklung während seiner Jahre in Peru. Der junge Kirchenrechtler aus Chicago, der 1985 zum ersten Mal peruanischen Boden betreten hatte, war durch seine Erfahrungen in diesem Land tiefgreifend verändert worden. Er hatte die Komplexität und Schönheit einer anderen Kultur kennen und schätzen gelernt, hatte die Realität der Armut und der sozialen Ungerechtigkeit aus erster Hand erfahren, hatte die tiefe Religiosität des peruanischen Volkes miterlebt und hatte in all dem eine neue Perspektive auf die Kirche und ihre Mission in der Welt gewonnen.

Die Jahre als Provinzial hatten diese Erfahrungen vertieft und erweitert, indem sie ihm einen breiteren Überblick über die kirchliche und gesellschaftliche Landschaft Perus ermöglichten und ihn mit einer Vielfalt von Menschen und Situationen in Kontakt brachten. Sie hatten seine Führungsqualitäten geschärft, seine Fähigkeit zur Integration verschiedener Perspektiven gestärkt und sein Verständnis für die Komplexität kirchlicher Organisation und Entwicklung vertieft.

Mit diesem reichen Erfahrungsschatz verließ Robert Peru im Herbst 2001, um seine neue Aufgabe als Generalprior des Augustinerordens in Rom anzutreten. Er ahnte nicht, dass er 13 Jahre später nach Peru zurückkehren würde, diesmal als Bischof, und dass seine Verbindung zu diesem Land ein entscheidendes Element in seinem weiteren Weg bis zum Papsttum sein würde.

Die Saat, die er während seiner Jahre als Provinzial gelegt hatte, würde unterdessen in Peru weiterwachsen und Frucht tragen. Die erneuerte augustinische Ausbildung, die gestärkte Laienpartizipation, die verbesserte Berufungspastoral, die inkulturierten pastoralen Ansätze – all dies würde die Provinz auch nach seinem Weggang prägen und weiterentwickeln. Und die Menschen, mit denen er gearbeitet und gelebt hatte, würden seine Vision einer Kirche weitertragen, die "ein Herz und eine Seele auf Gott hin" ist, eine Gemeinschaft, die in Liebe verbunden ist und gemeinsam nach Wahrheit und Gerechtigkeit sucht.

KAPITEL 10: GENERALPRIOR DES AUGUSTINERORDENS IN ROM (2001-2013)

Am 20. September 2001, nur neun Tage nach den erschütternden Terroranschlägen vom 11. September, die die Welt in eine neue Ära der Unsicherheit und Konfrontation gestürzt hatten, versammelten sich die Delegierten des Augustinerordens aus aller Welt in Rom zum 183. Generalkapitel. In dieser angespannten globalen Atmosphäre waren sie zusammengekommen, um über die Zukunft ihres Ordens zu beraten und einen neuen Generalprior zu wählen – den obersten Leiter der weltweiten augustinischen Gemeinschaft.

Nach Tagen des Gebets, der Beratung und des Diskurses fiel die Wahl auf Robert Francis Prevost, den 43-jährigen Provinzial aus Peru. Diese Entscheidung war in mehrfacher Hinsicht bedeutsam: Prevost war der erste Nordamerikaner, der dieses Amt übernehmen sollte, er kam aus einer stark lateinamerikanisch geprägten Provinz und verkörperte mit seiner bikulturellen Identität und internationalen Erfahrung eine neue Generation von Führungspersönlichkeiten in der katholischen Kirche.

Als Robert am 22. September 2001 seine neue Position als 95. Nachfolger des heiligen Augustinus in der Leitung des Ordens antrat, übernahm er die Verantwortung für eine weltweite Gemeinschaft von etwa 2.800 Augustinern in 50 Ländern auf allen Kontinenten. Diese Gemeinschaften waren in vielfältigen Bereichen tätig: von traditionellen Klöstern über Pfarreien, Schulen und Universitäten bis hin zu Missionen in den ärmsten Regionen der Welt. Die kulturelle, sprachliche und pastorale Vielfalt dieser Präsenzen spiegelte die Universalität der Kirche wider und stellte gleichzeitig eine enorme Herausforderung für eine einheitliche Führung dar.

Das Generalat des Augustinerordens, Roberts neuer Amtssitz, befindet sich in Rom, im historischen Kloster Santa Monica an der Via del Sant'Uffizio, nur wenige Schritte vom Vatikan entfernt. Dieses altehrwürdige Gebäude, das seit dem 16. Jahrhundert im Besitz des Ordens ist, beherbergt neben den Büros des Generalats auch eine internationale Gemeinschaft von Augustinern, die in der zentralen Verwaltung des Ordens oder in

anderen römischen Institutionen tätig sind. Hier, im Schatten des Petersdoms, begann Robert seine 12-jährige Amtszeit als oberster Leiter eines
der ältesten und angesehensten Orden der katholischen Kirche.

Seine Wahl zum Generalprior fiel in eine Zeit bedeutender Veränderungen in Kirche und Welt. Das Pontifikat Johannes Pauls II. neigte sich seinem Ende zu, während der alternde, aber noch immer charismatische
Papst die Kirche ins neue Jahrtausend führte. Die Globalisierung schritt
mit beispielloser Geschwindigkeit voran, brachte Menschen und Kulturen
näher zusammen, vertiefte aber auch Ungleichheiten und Spannungen.
Die Religiosität erlebte weltweit einen Wandel: In einigen Regionen, besonders in Europa, nahm die Säkularisierung zu, während in anderen Teilen der Welt, etwa in Afrika und Teilen Asiens, ein dynamisches religiöses
Wachstum zu beobachten war.

Für den Augustinerorden bedeuteten diese Entwicklungen tiefgreifende Herausforderungen. In den traditionellen Kernländern Europas und
Nordamerikas führten schwindende Berufungszahlen und eine alternde
Mitgliedschaft zu einer Krise, die eine Neuorientierung erforderte. Gleichzeitig erlebten jüngere Präsenzen in Afrika, Asien und Teilen Lateinamerikas ein Wachstum, das neue Ressourcen und Strukturen benötigte.

Roberts Vision für seine Amtszeit als Generalprior wurzelte tief in der
augustinischen Tradition, mit ihrem Schwerpunkt auf Gemeinschaft, Innerlichkeit und Dienst an der Kirche, war aber gleichzeitig zukunftsorien-
tiert und sensibel für die Zeichen der Zeit. Er definierte drei Hauptpriori-
täten, die seine Führung leiten sollten: die Erneuerung des
kontemplativen und gemeinschaftlichen Lebens des Ordens, die Förderung einer gerechteren Verteilung von Ressourcen und Verantwortung innerhalb der globalen augustinischen Familie, und die Entwicklung zeitgemäßer Formen der Evangelisierung und des Dienstes in verschiedenen
kulturellen Kontexten.

Um diese Prioritäten umzusetzen, begann Robert seine Amtszeit mit
einer umfassenden "Zuhörtour". In den ersten beiden Jahren reiste er
unermüdlich zu augustinischen Gemeinschaften auf allen Kontinenten,
um ihre Realitäten aus erster Hand zu erleben, ihre Sorgen und Hoffnungen zu hören und ein tieferes Verständnis für die Vielfalt des Ordens zu
gewinnen. Diese Reisen führten ihn von den alten Klöstern Europas zu

den boomenden Schulen der Philippinen, von den urbanen Gemeinden Nordamerikas zu den ländlichen Missionen Afrikas, von den akademischen Zentren Australiens zu den sozialen Projekten Lateinamerikas.

"Robert brachte eine frische Perspektive in das Generalat", erinnert sich P. Michael Di Gregorio OSA, der während Roberts erster Amtszeit als Assistent für Nordamerika diente. "Er hatte die seltene Fähigkeit, sowohl die historische Tiefe unserer Tradition zu schätzen als auch die Notwendigkeit zu erkennen, diese Tradition in neuen Kontexten zu inkarnieren. Er war ein aufmerksamer Zuhörer, der die verschiedenen Stimmen im Orden hörte, bevor er seine eigene erhob."

Ein zentrales Anliegen Roberts war die Stärkung der augustinischen Identität und Spiritualität in einer Zeit, in der viele religiöse Gemeinschaften mit einer Verwässerung ihres spezifischen Charismas konfrontiert waren. Er förderte die Rückbesinnung auf die Schriften des heiligen Augustinus und auf die reiche spirituelle Tradition des Ordens, nicht als bloße historische Übung, sondern als lebendige Quelle für die gegenwärtige Erneuerung.

Zu diesem Zweck initiierte er Programme für die spirituelle und theologische Fortbildung von Augustinern auf allen Ebenen, von der Grundausbildung bis zur lebenslangen Bildung. Er richtete internationale Studienzentren ein, förderte Publikationen zur augustinischen Spiritualität und Theologie und organisierte weltweite Treffen, die Augustiner aus verschiedenen Kontexten zusammenbrachten, um ihre Erfahrungen und Einsichten zu teilen.

Ein besonders innovatives Projekt war die Schaffung des "Augustinian Spirituality Institute", eines internationalen Fortbildungsprogramms für Augustiner aus aller Welt, das in Rom stattfand und eine Vertiefung der augustinischen Identität mit einer Erweiterung der interkulturellen Kompetenzen verband. Diese Initiative erwies sich als äußerst fruchtbar für die Stärkung der Einheit des Ordens in der Vielfalt und für die Förderung einer neuen Generation von Führungspersönlichkeiten, die sowohl in ihrer lokalen Realität als auch in der globalen augustinischen Tradition verwurzelt waren.

Ein zweiter Schwerpunkt von Roberts Wirken als Generalprior war die Förderung einer gerechteren Verteilung von Ressourcen und

Verantwortung innerhalb des Ordens. Die historisch gewachsene Struktur des Ordens spiegelte oft koloniale Muster wider, mit einem Übergewicht europäischer und nordamerikanischer Führung und Ressourcen, auch wenn die Mitgliederzahlen in diesen Regionen zurückgingen, während sie in Afrika, Asien und Teilen Lateinamerikas wuchsen.

Robert setzte sich für eine gründliche Revision dieser Strukturen ein, mit dem Ziel, eine authentischere Repräsentation der globalen augustinischen Realität zu schaffen. Er förderte die Ernennung von Augustinern aus dem Globalen Süden in Führungspositionen, sowohl im Generalat als auch in den internationalen Kommissionen und Projekten des Ordens. Er implementierte gerechtere Systeme für die Verteilung finanzieller Ressourcen, mit einem Solidaritätsfonds, der ärmere Regionen unterstützte und lokale Initiativen für finanzielle Nachhaltigkeit förderte.

Diese Bemühungen um eine gerechtere Verteilung von Macht und Ressourcen stießen nicht immer auf ungeteilte Zustimmung. Einige traditionelle Provinzen sahen ihre historische Rolle und ihren Einfluss bedroht, während jüngere Präsenzen manchmal ungeduldig waren angesichts des langsamen Tempos der Veränderung. Roberts Führungsstil in diesen spannungsreichen Situationen war geprägt von einer Kombination aus klarer Vision und geduldigem Dialog, aus Respekt für die Tradition und Mut zur Innovation.

"Er hatte die Fähigkeit, schwierige Wahrheiten auszusprechen, ohne zu verletzen", bemerkt P. Franz Klein OSA, ein deutscher Augustiner, der während Roberts zweiter Amtszeit im Generalrat diente. "Er konnte historische Ungerechtigkeiten benennen und auf notwendige Veränderungen drängen, ohne Menschen zu beschuldigen oder zu isolieren. Er suchte immer nach einem Weg, der sowohl den Erfordernissen der Gerechtigkeit als auch dem Wert der Einheit gerecht wurde."

Ein dritter Schwerpunkt von Roberts Amtszeit war die Förderung zeitgemäßer Formen der Evangelisierung und des Dienstes in verschiedenen kulturellen Kontexten. Er ermutigte Augustiner weltweit, kreative Antworten auf die Herausforderungen ihrer jeweiligen Umgebung zu finden, sei es in der Bildungsarbeit, in der Stadtpastoral, in ländlichen Missionen oder in speziellen Diensten für marginalisierte Gruppen.

Besonders wichtig war ihm die Verbindung von spiritueller Tiefe und sozialem Engagement, von kontemplativer Innerlichkeit und aktiver Solidarität mit den Armen und Ausgegrenzten. Diese ganzheitliche Vision, die tief in der augustinischen Tradition wurzelte, fand ihren Ausdruck in zahlreichen Initiativen, die Robert während seiner Amtszeit förderte: von Bildungsprojekten für benachteiligte Jugendliche über Friedens- und Versöhnungsarbeit in Konfliktgebieten bis hin zu ökologischen Initiativen, die auf die wachsende Umweltkrise reagierten.

Ein charakteristisches Merkmal von Roberts Führungsstil als Generalprior war seine kollegiale und partizipative Herangehensweise. Er arbeitete eng mit seinem Generalrat zusammen, einer Gruppe von acht Augustinern aus verschiedenen Teilen der Welt, die ihm bei der Leitung des Ordens zur Seite standen. Er hörte aufmerksam auf ihre Perspektiven, bezog sie aktiv in Entscheidungsprozesse ein und delegierte Verantwortung entsprechend ihren Stärken und Erfahrungen.

Diese kollegiale Führung erstreckte sich auch auf die breitere Gemeinschaft des Ordens. Robert berief regelmäßig Treffen der Provinziale und anderer Führungspersönlichkeiten ein, förderte offene Diskussionen über die Herausforderungen und Möglichkeiten des Ordens und suchte nach konsensualen Lösungen, die die verschiedenen Perspektiven integrierten. Sein Ziel war eine "synodale" Führung – ein gemeinsames Unterwegssein, bei dem alle Stimmen gehört wurden und alle gemeinsam Verantwortung trugen.

"Er war kein Top-down-Manager, sondern ein Animator und Integrator", beschreibt ihn P. Luis Marín de San Martín OSA, der später selbst Generalassistent werden sollte. "Er verstand seine Rolle nicht als alleiniger Entscheider, sondern als jemand, der Prozesse initiiert, Menschen zusammenbringt, verschiedene Perspektiven integriert und für die gemeinsame Vision des Ordens Sorge trägt. Diese Art der Führung erfordert mehr Zeit und Geduld, aber sie führt zu nachhaltigeren und authentischeren Ergebnissen."

Im Jahr 2007, nach Ablauf seiner ersten sechsjährigen Amtszeit, wurde Robert von den Delegierten des Generalkapitels für eine zweite Amtszeit wiedergewählt – ein Zeichen des Vertrauens in seine Führung und der Anerkennung seiner Beiträge zur Erneuerung des Ordens. Diese zweite

Amtszeit (2007-2013) fiel in eine Zeit bedeutender Veränderungen in der Kirche, besonders mit dem historischen Rücktritt von Papst Benedikt XVI. und der Wahl von Papst Franziskus im Jahr 2013.

Während dieser zweiten Amtszeit vertiefte und erweiterte Robert die Initiativen, die er in seiner ersten Amtszeit begonnen hatte, mit einem verstärkten Fokus auf die Vorbereitung des Ordens auf die Zukunft. Er förderte langfristige strategische Planungsprozesse auf allen Ebenen, von den lokalen Gemeinschaften bis zur zentralen Verwaltung, und ermutigte zu mutigen Entscheidungen, die den Orden für die kommenden Jahrzehnte positionieren würden.

Ein wichtiger Aspekt dieser zukunftsorientierten Arbeit war die Restrukturierung des Ordens in Regionen mit schwindender Mitgliedschaft. In Europa und Teilen Nordamerikas führte der anhaltende Rückgang der Berufungen zu schwierigen Entscheidungen über die Zusammenlegung von Provinzen, die Aufgabe historischer Präsenzen und die Neuausrichtung des Apostolats. Robert begleitete diese Prozesse mit einer Mischung aus pastoraler Sensibilität und pragmatischer Weisheit, half den betroffenen Gemeinschaften, ihre Verluste zu betrauern und gleichzeitig neue Wege für ihre augustinische Präsenz zu finden.

Parallel dazu unterstützte er das Wachstum des Ordens in Regionen mit zunehmender Vitalität, besonders in Afrika und Teilen Asiens. Er förderte die Entwicklung lokaler Führung, die Inkulturation der augustinischen Tradition in verschiedenen kulturellen Kontexten und die schrittweise Übernahme von Verantwortung durch einheimische Augustiner. Besonders ermutigte er Initiativen, die auf die spezifischen Herausforderungen dieser Regionen reagierten, wie HIV/AIDS-Programme in Afrika, Bildungsprojekte für Dalits (Unberührbare) in Indien oder Friedensarbeit auf den Philippinen.

Die internationale Dimension von Roberts Arbeit als Generalprior erstreckte sich auch auf die Beziehungen zu anderen Teilen der augustinischen Familie – den kontemplativen Augustinerinnen, den verschiedenen Kongregationen augustinischer Schwestern und den Laiengemeinschaften, die sich an der augustinischen Spiritualität orientieren. Er förderte regelmäßige Treffen und gemeinsame Projekte zwischen diesen verschiedenen Zweigen der augustinischen Tradition und trug so zur Stärkung einer breiteren augustinischen Identität und Zusammenarbeit bei.

Während seiner zwölf Jahre als Generalprior pflegte Robert auch enge Beziehungen zu anderen religiösen Orden und Kongregationen, zum Vatikan und zu lokalen Kirchen weltweit. Er diente in verschiedenen Kommissionen und Räten, vertrat den Augustinerorden bei internationalen kirchlichen Veranstaltungen und trug zur Entwicklung kirchlicher Positionen zu sozialen, ökologischen und ethischen Fragen bei.

Besonders geschätzt wurde sein Beitrag zur Union der Generaloberen (USG), einer Organisation, die die männlichen Ordensgemeinschaften auf weltweiter Ebene vertritt. Als gewähltes Mitglied des Exekutivrats dieser Organisation brachte er seine reiche interkulturelle Erfahrung und sein Verständnis für die Herausforderungen des religiösen Lebens in verschiedenen Kontexten ein und half, die Stimme der Ordensleute in der breiteren kirchlichen Diskussion zu stärken.

Als Roberts zweite Amtszeit als Generalprior im Jahr 2013 zu Ende ging, konnte er auf bedeutende Erfolge zurückblicken: Der Orden hatte trotz rückläufiger Zahlen in einigen Regionen insgesamt an Vitalität und Relevanz gewonnen; die augustinische Spiritualität und Tradition war in neuen Kontexten inkarniert worden; eine neue Generation von Führungspersönlichkeiten aus verschiedenen Teilen der Welt war herangewachsen; und innovative Formen des apostolischen Engagements waren entwickelt worden, die auf die Bedürfnisse einer sich wandelnden Welt reagierten.

Die zwölf Jahre als Generalprior hatten auch Robert selbst verändert und geprägt. Der internationale Horizont seiner Arbeit, die Begegnung mit augustinischen Gemeinschaften in den verschiedensten Kontexten, die Auseinandersetzung mit komplexen strukturellen und pastoralen Fragen – all dies hatte seinen Blick erweitert, sein Verständnis für die Universalität der Kirche vertieft und seine Führungsfähigkeiten geschärft. Er hatte gelernt, in einer wahrhaft globalen Perspektive zu denken und zu handeln, kulturelle Unterschiede zu navigieren, komplexe Organisationen zu leiten und langfristige Visionen zu entwickeln und umzusetzen.

Besonders wichtig für seine persönliche und spirituelle Entwicklung war die vertiefte Auseinandersetzung mit der augustinischen Tradition. Als Generalprior hatte er sich intensiv mit den Schriften des heiligen Augustinus beschäftigt, hatte an zahlreichen augustinischen Studienwochen und Konferenzen teilgenommen und hatte die lebendige Präsenz dieser Tradition in verschiedenen kulturellen Kontexten erlebt. Diese Vertiefung seiner augustinischen Wurzeln gab ihm eine solide spirituelle Grundlage für seine Führungsarbeit und prägte sein Verständnis von Kirche, Gemeinschaft und Dienst.

Ein ehemaliger Mitarbeiter aus dem Generalat beschreibt Roberts spirituelle Entwicklung in diesen Jahren: "Man konnte beobachten, wie er tiefer und tiefer in die augustinische Spiritualität eintauchte. Er war kein theoretischer Theologe, sondern ein Mann der Praxis, der sein Amt als geistliche Berufung lebte. Seine Morgenmeditation vor dem Allerheiligsten war für ihn nicht verhandelbar, egal wie voll sein Terminkalender war. Und diese spirituelle Tiefe spiegelte sich in seiner Art zu führen – er war nicht nur ein effizienter Administrator, sondern ein geistlicher Vater für die ganze Gemeinschaft."

Auch Roberts Verständnis der Kirche und ihrer Mission in der Welt entwickelte sich während seiner Zeit als Generalprior weiter. Die Begegnung mit der Kirche in ihren vielfältigen Erscheinungsformen – von den historischen Kathedralen Europas bis zu den einfachen Kapellen in afrikanischen Dörfern, von den elitären Universitäten der westlichen Welt bis zu den Basisgemeinden in den Slums von Entwicklungsländern – vermittelte ihm ein tieferes Bewusstsein für die Komplexität und Vielfalt des kirchlichen Lebens und für die Notwendigkeit einer differenzierten, kontextsensiblen Pastoral.

Seine Erfahrungen mit der römischen Kurie und anderen zentralen kirchlichen Institutionen ließen ihn sowohl die Stärken als auch die Grenzen der bestehenden kirchlichen Strukturen erkennen. Er entwickelte einen realistischen Blick für die Herausforderungen der kirchlichen Governance auf globaler Ebene, ohne dabei in Zynismus oder Resignation zu verfallen. Vielmehr stärkte sich seine Überzeugung, dass Erneuerung möglich ist, wenn sie auf einer soliden spirituellen Grundlage ruht und die verschiedenen Charismen und Perspektiven innerhalb der Kirche zu integrieren vermag.

Nach zwölf intensiven Jahren als Generalprior endete Roberts Amtszeit im September 2013, kurz nachdem Papst Franziskus sein Pontifikat begonnen hatte. Bei der Schlussfeier des Generalkapitels, das seinen Nachfolger wählte, wurde Robert für seine Führung und seinen Dienst am Orden geehrt. In seiner Abschiedsrede reflektierte er über die Erfahrungen und Erkenntnisse seiner Amtszeit und über die Herausforderungen, die vor dem Orden lagen.

"Was ich in diesen Jahren am tiefsten erfahren habe", sagte er, "ist die wunderbare Vielfalt und zugleich die grundlegende Einheit unserer augustinischen Familie. Wir sprechen verschiedene Sprachen, leben in verschiedenen Kulturen, begegnen unterschiedlichen pastoralen Herausforderungen – und doch sind wir verbunden durch unsere gemeinsame Suche nach Gott, durch unser Leben in Gemeinschaft und durch unseren Dienst an der Kirche. Diese Einheit in der Vielfalt ist nicht immer leicht zu leben, aber sie ist ein Zeugnis für die Möglichkeit einer Welt, in der Unterschiede nicht trennen, sondern bereichern."

Nach dem Ende seiner Amtszeit kehrte Robert zunächst in seine Heimatprovinz in den USA zurück, wo er sich eine Auszeit zur Erholung und Reflexion nahm. Er verbrachte einige Monate im Augustinerkloster in Chicago, half in der lokalen Seelsorge aus und nutzte die Zeit, um seine Erfahrungen als Generalprior zu verarbeiten und über seinen weiteren Weg nachzudenken.

Doch schon bald sollte er zu neuen Aufgaben gerufen werden. Im November 2014 ernannte ihn Papst Franziskus zum Titularbischof von Sufar und zum Apostolischen Administrator der Diözese Chiclayo in Peru – eine Entscheidung, die ihn zurück in das Land führte, das ein so wichtiger Teil seines bisherigen Weges gewesen war. Diese Ernennung markierte den Beginn einer neuen Phase in Roberts Leben, die ihn von der Führung eines Ordens zur Leitung einer lokalen Kirche führen sollte.

Die Jahre als Generalprior hatten Robert Francis Prevost auf vielfältige Weise auf diese neue Rolle vorbereitet. Sie hatten ihm ein tiefes Verständnis für die globale Kirche und ihre vielfältigen Kontexte vermittelt, hatten seine Führungsfähigkeiten in komplexen Situationen geschärft und hatten ihn in Kontakt mit kirchlichen Führungspersönlichkeiten auf allen Ebenen gebracht. Sie hatten ihn gelehrt, mit kultureller Sensibilität, pastoraler Weisheit und administrativer Kompetenz zu agieren – Qualitäten, die für einen Bischof unerlässlich sind.

Vor allem aber hatten diese Jahre seine augustinische Identität vertieft und seine Vision einer Kirche gestärkt, die in Gemeinschaft lebt, nach Wahrheit sucht und den Bedürftigen dient. Diese Vision würde er nun in einem neuen Kontext und mit neuer Autorität umsetzen – als Bischof in Peru und später in noch höheren Ämtern, die ihn schließlich auf den Stuhl des heiligen Petrus führen sollten.

Als Robert im Herbst 2013 Rom verließ, ahnte er nicht, dass er eines Tages als Papst zurückkehren würde. Doch die Saat seiner zwölf Jahre als Generalprior war tief in sein Wesen eingegangen und würde in den kommenden Jahren reiche Frucht tragen – in seiner Arbeit als Bischof, in seiner späteren Rolle in der römischen Kurie und schließlich in seinem Dienst als universaler Hirte der katholischen Kirche.

KAPITEL 11: REFORMBEMÜHUNGEN UND GLOBALE VERNETZUNG

Die zwölfjährige Amtszeit von Robert Francis Prevost als Generalprior des Augustinerordens (2001-2013) fiel in eine Zeit tiefgreifender Umbrüche in Kirche und Welt. Die Anfangsjahre des neuen Jahrtausends waren geprägt von zunehmender Globalisierung und technologischer Vernetzung, von wachsenden geopolitischen Spannungen nach den Terroranschlägen vom 11. September 2001, von einer verschärften Finanzkrise ab 2008 und von einer fortschreitenden Säkularisierung in vielen westlichen Gesellschaften. Die katholische Kirche stand während dieser Zeit unter der Führung zweier sehr unterschiedlicher Päpste – Johannes Paul II. (bis 2005) und Benedikt XVI. (2005-2013) – und war mit internen Herausforderungen wie dem Missbrauchsskandal und der abnehmenden Bedeutung institutioneller Religion in vielen Teilen der Welt konfrontiert.

In diesem komplexen Kontext sah sich Robert mit der Aufgabe betraut, einen der ältesten Orden der Kirche zu reformieren und zu erneuern, um ihn auf die Herausforderungen des 21. Jahrhunderts vorzubereiten. Seine Reformbemühungen konzentrierten sich auf drei Hauptbereiche: die Erneuerung der spirituellen und charismatischen Grundlagen des Ordens, die strukturelle und organisatorische Reform, und die Neuausrichtung der apostolischen Mission in einer sich verändernden Welt.

Spirituelle und charismatische Erneuerung

Ein zentrales Anliegen Roberts war die Rückbesinnung auf die ursprünglichen Quellen der augustinischen Spiritualität und Identität. Er war überzeugt, dass jede wirksame Reform nicht bei äußeren Strukturen, sondern bei der inneren Erneuerung beginnen musste – bei einer vertieften Beziehung zu Gott und einem erneuerten Verständnis der augustinischen Berufung.

Zu diesem Zweck initiierte er ein umfassendes Programm der spirituellen Formation, das alle Ebenen des Ordens umfasste. Für die Ausbildung neuer Mitglieder entwickelte er aktualisierte Richtlinien, die eine solide Einführung in die augustinische Spiritualität und Tradition sicherstellten, angepasst an die verschiedenen kulturellen Kontexte, in denen der Orden tätig war. Für die bereits engagierten Augustiner organisierte er regelmäßige Angebote zur Vertiefung und Erneuerung, von lokalen Besinnungstagen über regionale Studienwochen bis hin zu internationalen spirituellen Exerzitien.

Ein innovatives Projekt in diesem Bereich war die Einrichtung des "Augustinian Institute of Spirituality" in Rom, ein mehrmonatiges Programm, das Augustiner aus aller Welt zu einer intensiven Erfahrung der Erneuerung zusammenbrachte. Die Teilnehmer hatten die Gelegenheit, sich in die Schriften des heiligen Augustinus zu vertiefen, wichtige Stätten der augustinischen Geschichte zu besuchen, mit Experten der augustinischen Tradition zu diskutieren und ihre eigenen spirituellen Erfahrungen in einem internationalen Kontext zu reflektieren. Dieses Programm erwies sich als äußerst fruchtbar für die Stärkung der augustinischen Identität und für die Bildung eines globalen Netzwerks von spirituellen Animateuren, die das Charisma des Ordens in ihren jeweiligen Kontexten lebendig halten konnten.

"Robert verstand, dass wahre Reform nicht durch Dekrete oder strukturelle Veränderungen allein erreicht werden kann", erklärt P. David Middleton OSA, der an der Entwicklung des Spiritualitätsinstituts beteiligt war. "Sie muss aus einer tieferen Begegnung mit Gott und einer erneuerten Verpflichtung zur ursprünglichen Inspiration des Ordens erwachsen. Das Spiritualitätsinstitut bot einen Raum für diese Art von Erneuerung, die dann in die lokalen Gemeinschaften zurückgetragen werden konnte."

Ein weiterer Aspekt der spirituellen Erneuerung war die Förderung eines authentischen gemeinschaftlichen Lebens, das im Zentrum der augustinischen Identität steht. Robert ermutigt

Ein weiterer Aspekt der spirituellen Erneuerung war die Förderung eines authentischen gemeinschaftlichen Lebens, das im Zentrum der augustinischen Identität steht. Robert ermutigte die Gemeinschaften weltweit, ihre gemeinsame Lebensweise zu überprüfen und zu vertiefen – von der Qualität des gemeinsamen Gebets über die Praxis des brüderlichen Dialogs bis hin zur gemeinsamen Verwaltung von Gütern und Verantwortlichkeiten. Er betonte, dass das gemeinschaftliche Leben nicht nur ein praktisches Arrangement, sondern ein wesentliches Element des augustinischen Zeugnisses in einer zunehmend individualistischen Welt sei.

In diesem Zusammenhang förderte er auch die Wiederbelebung traditioneller augustinischer Praktiken wie der "Capítulos" (gemeinschaftliche Gespräche über das spirituelle Leben) und der gemeinsamen Schriftlesung, angepasst an die Bedürfnisse und Möglichkeiten des 21. Jahrhunderts. Er ermutigte zur Einrichtung von kleinen, lebendigen Gemeinschaften, die ein authentisches gemeinsames Leben ermöglichen, auch wenn dies manchmal die schmerzhafte Entscheidung bedeutete, größere, aber weniger vitale Konvente zu schließen oder zusammenzulegen.

Strukturelle und organisatorische Reform

Parallel zur spirituellen Erneuerung initiierte Robert eine umfassende Überprüfung und Reform der Strukturen und Organisationsformen des Ordens. Der Augustinerorden, wie viele andere historische Orden, hatte im Laufe der Jahrhunderte komplexe Verwaltungsstrukturen entwickelt, die nicht immer den aktuellen Realitäten und Bedürfnissen entsprachen. Die geografische Verteilung der Mitglieder hatte sich dramatisch verändert, mit abnehmenden Zahlen in Europa und Nordamerika und wachsenden Gemeinschaften in Afrika, Asien und Teilen Lateinamerikas. Diese Verschiebung erforderte eine Anpassung der Strukturen, um sowohl die historische Kontinuität als auch die neuen Realitäten zu berücksichtigen.

Ein wichtiger Aspekt dieser strukturellen Reform war die Überarbeitung der Konstitutionen und Statuten des Ordens. Robert leitete einen mehrjährigen Prozess der Konsultation und Reflexion ein, der schließlich zur Verabschiedung aktualisierter Konstitutionen durch das Generalkapitel von 2007 führte. Diese neue Version behielt die wesentlichen Elemente der augustinischen Tradition bei, passte aber viele praktische Bestimmungen an die veränderten kirchlichen und gesellschaftlichen Umstände an. Sie betonte stärker die internationale Dimension des Ordens, die Rolle der Laien in der augustinischen Familie und die Notwendigkeit einer inkulturierten Präsenz in verschiedenen Kontexten.

Eine weitere strukturelle Reform betraf die Organisation der Provinzen und Vikariate des Ordens. In Regionen mit abnehmender Mitgliederzahl leitete Robert sensible, aber notwendige Prozesse der Zusammenlegung oder Restrukturierung ein. In den USA wurden beispielsweise vier historische Provinzen zu zwei neuen Einheiten zusammengeführt, während in Spanien und Italien ähnliche Prozesse stattfanden. Diese Konsolidierungen waren oft schmerzhafte Prozesse, die historische Identitäten und lokale Autonomien in Frage stellten, aber sie waren notwendig, um die Vitalität und Nachhaltigkeit des augustinischen Charismas in diesen Regionen zu sichern.

"Robert führte diese schwierigen Prozesse mit großer Sensibilität und Respekt durch", berichtet P. Bernie Scianna OSA, der an der Restrukturierung der nordamerikanischen Provinzen beteiligt war. "Er drängte nicht auf überstürzte Lösungen, sondern ermutigte zu einem bewussten Prozess der Unterscheidung, der die legitimen Sorgen aller Beteiligten berücksichtigte. Gleichzeitig blieb er standhaft in seiner Überzeugung, dass Veränderung notwendig war, um die Zukunft des Ordens zu sichern."

In Regionen mit wachsender Präsenz förderte Robert hingegen die schrittweise Entwicklung eigenständiger Strukturen. In Ostafrika, auf den Philippinen und in Teilen Lateinamerikas unterstützte er die Umwandlung von Vikariaten zu vollwertigen Provinzen, wenn die Zahl der einheimischen Mitglieder und ihre Fähigkeit zur Selbstverwaltung dies erlaubten. Diese Übergänge wurden sorgfältig geplant und begleitet, um sowohl die lokale Autonomie als auch die Kontinuität der augustinischen Tradition zu gewährleisten.

Ein weiterer wichtiger Aspekt der strukturellen Reform war die Modernisierung der zentralen Verwaltung des Ordens. Robert reorganisierte das Generalat in Rom, um es effizienter und reaktionsfähiger zu machen. Er implementierte moderne Kommunikationssysteme, verbesserte die finanzielle Transparenz und Rechenschaftspflicht und entwickelte Systeme für ein effektiveres Wissensmanagement und Archivwesen. Diese administrativen Reformen mögen weniger sichtbar gewesen sein als andere Initiativen, waren aber entscheidend für die langfristige Funktionsfähigkeit und Glaubwürdigkeit des Ordens.

Neuausrichtung der apostolischen Mission

Die dritte Dimension von Roberts Reformbemühungen betraf die apostolische Mission des Ordens in einer sich schnell verändernden Welt. Der

Augustinerorden hat traditionell in verschiedenen Bereichen gewirkt, von der Pfarrseelsorge über die Bildung bis hin zur Missionsarbeit und sozialen Diensten. In einer Zeit des kulturellen Wandels und neuer Herausforderungen war es notwendig, diese apostolischen Engagements zu überprüfen und neu auszurichten.

Robert ermutigte die Provinzen und Gemeinschaften, ihre apostolischen Prioritäten im Licht der Zeichen der Zeit und der spezifischen Bedürfnisse ihres Kontextes zu überdenken. Er förderte einen Prozess der "apostolischen Unterscheidung", bei dem nicht nur die praktische Machbarkeit, sondern auch die Treue zum augustinischen Charisma und die Relevanz für die aktuellen Nöte der Kirche und der Welt berücksichtigt wurden.

In diesem Zusammenhang unterstützte er besonders Initiativen in drei Bereichen, die er als entscheidend für die augustinische Mission im 21. Jahrhundert erachtete: die Bildung für Gerechtigkeit und Frieden, der Dialog mit anderen Kulturen und Religionen, und die Nutzung neuer Kommunikationstechnologien für die Evangelisierung.

Im Bereich der Bildung für Gerechtigkeit und Frieden initiierte Robert mehrere internationale Projekte, die augustinische Schulen und Universitäten auf verschiedenen Kontinenten miteinander verbanden. Ein Beispiel war das "Augustinian Justice and Peace Network", das Bildungsprogramme, Ressourcen und Aktionen zu Themen wie wirtschaftliche Gerechtigkeit, Umweltschutz, Menschenrechte und Friedensförderung koordinierte. Dieses Netzwerk organisierte internationale Konferenzen, entwickelte Lehrmaterialien aus augustinischer Perspektive und förderte den Austausch zwischen Lehrern und Schülern verschiedener Länder.

"Robert verstand, dass Bildung im augustinischen Sinne nicht nur Wissensvermittlung, sondern Transformation der ganzen Person und der Gesellschaft bedeutet", erklärt Dr. Maria Luisa Mendoza, die an diesem Netzwerk beteiligt war. "Er ermutigte uns, die sozialen und ethischen Dimensionen unserer Bildungsarbeit zu vertiefen und unsere Schüler und Studenten zu kritischem Denken und solidarischem Handeln zu erziehen."

Im Bereich des interkulturellen und interreligiösen Dialogs förderte Robert verschiedene Initiativen, die auf der augustinischen Tradition der Suche nach Wahrheit in Gemeinschaft basierten. Er unterstützte die

Einrichtung von Dialogzentren in multireligiösen Kontexten, wie zum Beispiel in Indonesien und auf den Philippinen, wo Augustiner mit muslimischen Gemeinschaften zusammenarbeiteten. Er förderte auch den akademischen Austausch zwischen augustinischen Studieneinrichtungen und anderen religiösen und kulturellen Traditionen.

Ein besonders innovativer Bereich war die Nutzung neuer Kommunikationstechnologien für die Evangelisierung und die Verbreitung der augustinischen Spiritualität. Robert erkannte früh das Potenzial des Internets und sozialer Medien für die Reichweite und Wirksamkeit der augustinischen Mission. Er initiierte Projekte wie das "Augustinian Digital Network", das augustinische Ressourcen in verschiedenen Sprachen online zugänglich machte, und förderte die Ausbildung von Augustinern in digitaler Kommunikation und Medienkompetenz.

"Er war seiner Zeit voraus, was die Bedeutung digitaler Präsenz betrifft", bemerkt P. Robert Guessetto OSA, der an diesem Projekt beteiligt war. "Lange bevor soziale Medien zum Mainstream wurden, ermutigte er uns, diese neuen Räume zu erkunden und zu nutzen, um das Evangelium und die augustinische Botschaft zu den Menschen zu bringen, besonders zu jüngeren Generationen, die in diesen digitalen Welten zuhause sind."

Globale Vernetzung

Ein charakteristisches Merkmal von Roberts Führung als Generalprior war sein Einsatz für die Stärkung der globalen Vernetzung innerhalb des Ordens und darüber hinaus. In einer zunehmend vernetzten Welt erkannte er die Notwendigkeit und Chance, Brücken zu bauen und Synergien zu schaffen – zwischen verschiedenen Teilen des Ordens, mit anderen Zweigen der augustinischen Familie, mit der breiteren Kirche und mit anderen religiösen und gesellschaftlichen Akteuren.

Innerhalb des Ordens förderte er den Austausch und die Zusammenarbeit zwischen Provinzen und Regionen durch regelmäßige kontinentale und interkontinentale Treffen, durch gemeinsame Ausbildungsprogramme und durch den Austausch von Personal und Ressourcen. Er ermutigte besonders zu "Nord-Süd" und "Süd-Süd" Partnerschaften, bei denen Provinzen mit unterschiedlichen Stärken und Herausforderungen voneinander lernen und sich gegenseitig unterstützen konnten.

Ein konkretes Beispiel für diese Art der Vernetzung war das "Augustinian Solidarity Network", das Ressourcen für Entwicklungsprojekte mobilisierte und koordinierte. Dieses Netzwerk ermöglichte es wohlhabenderen Provinzen, Projekte in ärmeren Regionen zu unterstützen, nicht als einseitige Hilfe, sondern als partnerschaftliche Zusammenarbeit, bei der lokale Gemeinschaften die Führung übernahmen und externe Partner ihre Ressourcen und Expertise beitrugen.

Die globale Vernetzung erstreckte sich auch auf die breitere augustinische Familie, die neben dem Männerorden zahlreiche Kongregationen von Augustinerinnen, kontemplative Gemeinschaften und Laiengruppen umfasst. Robert initiierte regelmäßige Treffen aller Zweige dieser Familie und förderte gemeinsame Projekte in Bereichen wie Bildung, soziales Engagement und spirituelle Formation. Ein besonderes Anliegen war ihm die Stärkung der Rolle von Laien, die am augustinischen Charisma teilhaben und es in verschiedenen Lebenssituationen und Berufen verwirklichen.

"Die Laien sind nicht nur Empfänger oder Mitarbeiter unseres Apostolats, sondern vollwertige Mitglieder der augustinischen Familie mit ihrer eigenen Berufung und Sendung", betonte Robert oft in seinen Ansprachen. Er unterstützte die Entwicklung strukturierter Programme für die Bildung und Einbindung von Laien und förderte ihre Beteiligung an Entscheidungsprozessen und Leitungsaufgaben in augustinischen Werken.

Die Vernetzung mit der breiteren Kirche war ein weiterer wichtiger Aspekt von Roberts globalem Engagement. Als Generalprior vertrat er den Orden bei zahlreichen kirchlichen Ereignissen und in verschiedenen Gremien, von Bischofssynoden bis zu Treffen der Ordensoberen. Er pflegte enge Beziehungen zu vatikanischen Dikasterien, zu lokalen Bischofskonferenzen und zu anderen religiösen Orden und Kongregationen. Diese Verbindungen ermöglichten es dem Augustinerorden, seine spezifische Perspektive und sein Charisma in die breitere kirchliche Diskussion einzubringen und gleichzeitig von den Einsichten und Erfahrungen anderer zu lernen.

Besonders wichtig war Roberts Rolle in der Union der Generaloberen (USG), einer Organisation, die alle männlichen Ordensinstitute päpstlichen Rechts vertritt. Als Mitglied des Exekutivrats dieser Organisation trug er dazu bei, die gemeinsame Stimme der Ordensleute in der Kirche zu stärken und den Dialog mit der Hierarchie und anderen kirchlichen Akteuren zu fördern. Während des Übergangs vom Pontifikat Johannes Pauls II. zu Benedikt XVI. half er, eine konstruktive Beziehung zwischen den Orden und dem neuen Papst zu gestalten.

Die Vernetzung erstreckte sich auch über die Grenzen der katholischen Kirche hinaus auf andere christliche Konfessionen, andere Religionen und säkulare Partner. Robert förderte den ökumenischen und interreligiösen Dialog als wesentlichen Bestandteil der augustinischen Mission und unterstützte Initiativen der Zusammenarbeit in Bereichen wie Friedensförderung, Umweltschutz und Kampf gegen Armut. Er ermutigte Augustiner, sich in zivilgesellschaftlichen Netzwerken und Bewegungen zu engagieren, die für Gerechtigkeit und Menschenwürde eintraten, und dabei die spirituellen und ethischen Ressourcen der augustinischen Tradition einzubringen.

Herausforderungen und Widerstände

Roberts Reformbemühungen und seine Vision einer global vernetzten augustinischen Präsenz stießen nicht immer auf ungeteilte Zustimmung. Wie bei jedem tiefgreifenden Wandlungsprozess gab es Widerstände, Ängste und Konflikte, die sensibel navigiert werden mussten.

In einigen traditionellen Provinzen, besonders in Europa, lösten die Vorschläge zur Zusammenlegung und Restrukturierung Befürchtungen über den Verlust historischer Identitäten und lokaler Autonomie aus. Ältere Mitglieder sorgten sich manchmal, dass ihre Lebensleistung nicht gewürdigt wurde und dass die Erneuerung auf Kosten bewährter Traditionen gehen könnte. Robert begegnete diesen Sorgen mit Respekt und Geduld, hörte aufmerksam zu, erklärte die Gründe für die notwendigen Veränderungen und suchte nach Wegen, die legitimen Anliegen aller Beteiligten zu berücksichtigen.

In jüngeren, wachsenden Provinzen gab es hingegen manchmal Ungeduld mit dem Tempo des Wandels und der Übertragung von Verantwortung. Einige sahen in den Bedenken und Vorbehalten der älteren Provinzen eine Form von Paternalismus oder Widerstand gegen notwendige Veränderung. Auch hier wirkte Robert als Vermittler und Brückenbauer, der sowohl die berechtigten Bestrebungen der neuen Generation als auch die Weisheit und Erfahrung der älteren Mitglieder würdigte.

Eine weitere Herausforderung lag in der Balance zwischen Einheit und Vielfalt, zwischen einer gemeinsamen augustinischen Identität und der notwendigen Inkulturation in verschiedenen Kontexten. Robert betonte immer wieder, dass Einheit nicht Uniformität bedeutet, sondern die Fähigkeit, in verschiedenen kulturellen Ausdrucksformen das gemeinsame Charisma zu erkennen und zu leben. Er ermutigte zu kreativen lokalen Anpassungen, bestand aber auch auf der Treue zu den wesentlichen Elementen der augustinischen Tradition.

"Robert hatte eine seltene Fähigkeit, diese Spannungen zu navigieren, ohne in einfache Lösungen zu verfallen", bemerkt P. Luis Marín OSA, ein spanischer Augustiner, der später selbst in der Leitung des Ordens dienen würde. "Er konnte sowohl die Notwendigkeit der Erneuerung als auch den Wert der Tradition sehen, sowohl die Universalität des Charismas als auch die Bedeutung der lokalen Inkulturation. Er führte nicht durch Diktat, sondern durch Dialog und gemeinsame Unterscheidung, auch wenn das manchmal mühsamer und langsamer war."

Trotz dieser Herausforderungen und gelegentlicher Widerstände gelang es Robert während seiner zwölfjährigen Amtszeit, bedeutende Fortschritte in der Erneuerung und globalen Vernetzung des Ordens zu erzielen. Dies war nicht zuletzt seinem Führungsstil zu verdanken, der auf Zuhören, Dialog und geduldige Überzeugung setzte, ohne die notwendige Entschlossenheit und Klarheit der Vision zu verlieren.

Bleibende Früchte und Vermächtnis

Als Robert im Herbst 2013 sein Amt als Generalprior beendete, hinterließ er einen Orden, der trotz aller Herausforderungen vitaler, vernetzter und zukunftsorientierter war als zu Beginn seiner Amtszeit. Die Früchte seiner Reformbemühungen und seines Einsatzes für globale Vernetzung waren auf verschiedenen Ebenen sichtbar und würden in den kommenden Jahren weiterwirken.

Auf der Ebene der Governance hatte der Orden aktualisierte Konstitutionen und Statuten, die sowohl die Treue zur Tradition als auch die Anpassung an neue Realitäten widerspiegelten. Die zentralen und regionalen Strukturen waren effizienter und repräsentativer geworden, mit einer stärkeren Beteiligung von Augustinern aus dem Globalen Süden in Führungspositionen. Die finanziellen und administrativen Systeme waren transparenter und nachhaltiger, mit besseren Mechanismen für Rechenschaftspflicht und langfristige Planung.

Auf der Ebene der Formation hatte der Orden erneuerte Programme für die Ausbildung neuer Mitglieder und für die lebenslange Bildung der bereits engagierten Augustiner. Das Augustinian Spirituality Institute und ähnliche regionale Initiativen boten Räume für die Vertiefung der augustinischen Identität und für interkulturellen Austausch. Eine neue Generation von Ausbildern war herangewachsen, die sowohl in der augustinischen Tradition als auch in modernen pädagogischen Methoden geschult waren.

Auf der Ebene des Apostolats hatte der Orden seine Mission in einer sich wandelnden Welt neu definiert, mit einem stärkeren Fokus auf Bildung für Gerechtigkeit, interkulturellen Dialog und digitale Evangelisierung. Innovative Projekte in diesen Bereichen hatten begonnen, Früchte zu tragen, und ein Netzwerk von Kooperationen innerhalb und außerhalb des Ordens war entstanden, das die Wirksamkeit und Reichweite dieser Initiativen verstärkte.

Vielleicht am wichtigsten war die Veränderung in der Kultur und im Selbstverständnis des Ordens. Der Augustinerorden hatte begonnen, sich wirklich als eine globale Gemeinschaft zu verstehen, in der verschiedene kulturelle Ausdrucksformen des gemeinsamen Charismas nicht als Bedrohung, sondern als Bereicherung gesehen wurden. Die traditionellen Zentren und die neuen Peripherien standen in einem lebendigeren Dialog, mit gegenseitigem Respekt und dem Bewusstsein der wechselseitigen Abhängigkeit.

"Roberts größtes Vermächtnis", reflektiert P. Alejandro Moral OSA, der als sein Nachfolger zum Generalprior gewählt wurde, "war vielleicht nicht eine einzelne Reform oder Initiative, sondern die Art und Weise, wie er uns half, unsere Identität und Mission in einer globalisierten Welt neu zu verstehen. Er zeigte uns, dass wir treu zu unseren Wurzeln stehen und gleichzeitig offen für neue Wege sein können, dass wir die Einheit in unserer Vielfalt finden können, und dass wir als globale Gemeinschaft stärker sind als in der Isolation."

Dieses Vermächtnis würde über den Augustinerorden hinaus wirken und Roberts weiteren Weg prägen – als Bischof in Peru, als hoher Kurienfunktionär im Vatikan und schließlich als Papst. Die Erfahrungen, Einsichten und Beziehungen, die er während seiner Zeit als Generalprior gesammelt hatte, würden eine wesentliche Grundlage für seine spätere Führungsrolle in der universalen Kirche bilden.

Die Fähigkeit, komplexe Organisationen durch Prozesse des Wandels zu führen, die Sensibilität für kulturelle Unterschiede und Gemeinsamkeiten, das Verständnis für die Bedeutung von Strukturen und ihre Grenzen, die Vision einer Kirche, die sowohl lokal verwurzelt als auch global verbunden ist – all diese Qualitäten, die in seinen Jahren als Generalprior gereift waren, würden sich in seinem späteren Wirken als höchster Hirte der katholischen Kirche als unschätzbar erweisen.

Als Robert im Herbst 2013 Rom verließ, um für eine Zeit der Reflexion und Erholung in seine Heimatprovinz in den USA zurückzukehren, ahnte er nicht, dass er eines Tages als Papst Leo XIV. auf die Weltbühne zurückkehren würde. Doch die Saat seiner Reformbemühungen und seiner Vision einer global vernetzten Kirche, die in diesen Jahren gelegt worden war, würde in seinem späteren Pontifikat reiche Frucht tragen.

KAPITEL 12: RÜCKKEHR IN DIE USA: VERANTWORTUNG IN CHI-CAGO (2013-2014)

Nach zwölf intensiven Jahren als Generalprior des Augustinerordens in Rom kehrte Robert Francis Prevost im Oktober 2013 in seine Heimatprovinz in den Vereinigten Staaten zurück. Diese Rückkehr markierte eine bedeutende Übergangsphase in seinem Leben – vom höchsten Führungsamt eines weltweiten Ordens zu einer einfacheren Rolle in einer lokalen Gemeinschaft, von der hektischen Betriebsamkeit des internationalen Dienstes zu einer Zeit der Reflexion und Neuorientierung.

Chicago, die Stadt seiner Geburt und Jugend, empfing ihn mit der charakteristischen Mischung aus Vertrautem und Verändertem. Die Stadt hatte sich in den Jahren seiner Abwesenheit weiterentwickelt: neue Wolkenkratzer hatten die Skyline verändert, alte Nachbarschaften waren gentrifiziert worden, demografische Verschiebungen hatten das soziale Gefüge transformiert. Und doch war vieles gleich geblieben – der majestätische Lake Michigan, die ethnische Vielfalt, die lebendigen kulturellen Traditionen und nicht zuletzt die besondere Atmosphäre dieser amerikanischen Metropole mit ihrer Mischung aus Pragmatismus und Ambition.

Robert bezog Quartier im Augustinerkloster St. Rita an der 63rd Street im Südwesten Chicagos, einer Gemeinschaft, die mit einer bekannten Highschool verbunden war und aus etwa einem Dutzend Augustinern bestand. Das Kloster lag in einem Stadtteil, der im Laufe der Jahre einen demografischen Wandel erlebt hatte und nun überwiegend von afroamerikanischen und hispanischen Familien bewohnt wurde. Diese Umgebung, mit ihren sozialen Herausforderungen aber auch ihrer kulturellen Lebendigkeit, bot einen interessanten Kontrast zu den Jahren in Rom und erinnerte Robert an die Vielfalt und Komplexität der amerikanischen Gesellschaft.

Die ersten Wochen nach seiner Rückkehr widmete Robert der Reakklimatisierung und dem Wiederherstellen von Verbindungen. Er besuchte seine Familie – seine beiden Brüder Louis Martín und John Joseph mit ihren Familien, die noch immer in der Chicagoer Gegend lebten, und entferntere Verwandte, die er jahrelang nur selten gesehen hatte. Diese familiären Begegnungen, geprägt von Herzlichkeit und einem Gefühl des Wiederanknüpfens, halfen ihm, seine persönlichen Wurzeln wieder zu spüren und sich neu zu verankern.

Auch innerhalb der augustinischen Gemeinschaft nahm er sich Zeit, seine Mitbrüder kennenzulernen und wiederzutreffen. Viele hatten ihn nur aus der Ferne als Generalprior erlebt und waren nun neugierig auf den Menschen hinter dem Amt. Roberts natürliche Bescheidenheit und seine Fähigkeit, einfach präsent zu sein, ohne auf seinen früheren Status zu pochen, erleichterten diese Wiederannäherung. Er nahm am regulären Leben der Gemeinschaft teil, übernahm seinen Anteil an Hausaufgaben und liturgischen Diensten und beteiligte sich an den täglichen Diskussionen und Entscheidungen.

"Es war beeindruckend zu sehen, wie mühelos er die Transition von einer globalen Führungspersönlichkeit zu einem einfachen Mitglied unserer lokalen Gemeinschaft vollzog", erinnert sich P. Thomas McCarthy OSA, der damalige Prior des Klosters St. Rita. "Keine Spur von Arroganz oder dem Gefühl, 'über' alltäglichen Angelegenheiten zu stehen. Er fragte sogar, wo er in der Küche helfen könne und welche Kurse er in der Schule übernehmen sollte. Diese Demut und Dienstbereitschaft gewannen ihm schnell die Herzen aller."

Nach dieser ersten Phase der Wiedereingewöhnung übernahm Robert schrittweise mehr Verantwortung in verschiedenen Bereichen. In der St. Rita High School half er mit einigen Kursen in Religion und Ethik aus, wo er seine pädagogischen Erfahrungen aus Peru und sein breites theologisches Wissen einbringen konnte. Die Schüler, überwiegend aus der Mittelschicht und mit diversen ethnischen Hintergründen, waren anfangs erstaunt zu erfahren, dass dieser ruhige, bescheidene Lehrer zwölf Jahre lang einen der ältesten Orden der Kirche geleitet hatte. Roberts natürliche Art, komplexe Themen verständlich zu erklären und die Schüler zum kritischen Denken anzuregen, machte ihn bald zu einem geschätzten Mitglied des Lehrkörpers.

Parallel dazu engagierte er sich in der Pfarrseelsorge, besonders in der nahe gelegenen Pfarrei St. Adrian, die eine überwiegend hispanische Gemeinde betreute. Seine fließenden Spanischkenntnisse, sein Verständnis für lateinamerikanische Kulturen und seine pastorale Erfahrung in Peru machten ihn zu einer willkommenen Unterstützung für den überlasteten Pfarrer. Robert feierte regelmäßig die spanischsprachige Sonntagsmesse, hörte Beichte, beriet Familien in schwierigen Situationen und half bei der Koordination sozialer Dienste für Bedürftige.

"P. Roberto, wie ihn die Gemeindemitglieder nannten, brachte eine besondere Sensibilität für die Bedürfnisse und Hoffnungen der hispanischen Einwanderer mit", berichtet Carmen Velazquez, eine langjährige Gemeindemitarbeiterin. "Er verstand ihre Situation nicht nur intellektuell, sondern aus erster Hand durch seine Jahre in Peru. Er konnte mit den Großeltern auf Spanisch sprechen, mit den Eltern auf Spanglish und mit den Kindern auf Englisch – das machte ihn zu einer Brücke zwischen den Generationen und Kulturen."

Ein weiterer Bereich, in dem Robert seine Erfahrung und Expertise einbrachte, war die Beratung und Begleitung der Provinzleitung. Die Augustinerprovinz "Unserer Lieben Frau vom guten Rat", die mittlerweile mit der Provinz St. Thomas von Villanova zur neuen Provinz St. Augustin zusammengelegt worden war, stand vor erheblichen Herausforderungen: alternde Mitglieder, rückläufige Zahlen, finanzielle Engpässe und die Notwendigkeit, traditionelle Präsenzen und Werke neu zu evaluieren. Robert, der als Generalprior ähnliche Prozesse in vielen Teilen der Welt begleitet hatte, wurde zu einem wertvollen Berater für den Provinzial und seinen Rat.

"Er drängte sich nie auf oder versuchte, seinen Willen durchzusetzen, aber wenn er um Rat gefragt wurde, bot er wertvolle Einsichten und Perspektiven", erinnert sich P. Bernard Scianna OSA, der damalige Provinzial. "Seine globale Erfahrung und sein Verständnis für institutionelle Prozesse, gepaart mit seiner tiefen Verwurzelung in der augustinischen Spiritualität, machten seine Ratschläge besonders wertvoll. Er half uns, über den Tellerrand zu schauen und kreative Lösungen für scheinbar unlösbare Probleme zu finden."

Obwohl er kein offizielles Amt in der Provinzverwaltung innehatte, beteiligte sich Robert aktiv an verschiedenen Kommissionen und Arbeitsgruppen, die sich mit Zukunftsfragen beschäftigten. Er leitete ein Team, das eine umfassende Bewertung der augustinischen

Bildungseinrichtungen in der Provinz durchführte, mit dem Ziel, ihre Nachhaltigkeit und ihre Treue zur augustinischen Bildungsphilosophie zu stärken. Er unterstützte auch die Entwicklung neuer Modelle für die Gemeinschaftsbildung, die sowohl den Bedürfnissen alternder Mitglieder als auch der Formation junger Augustiner gerecht wurden.

Diese verschiedenen Tätigkeiten füllten Roberts Tage, ließen ihm aber auch Raum für persönliche Reflexion und spirituelle Vertiefung. Nach den hektischen Jahren als Generalprior mit permanentem Reisestress und ständigen Entscheidungsforderungen schätzte er die Möglichkeit, einen regelmäßigeren Rhythmus zu finden, mehr Zeit im Gebet zu verbringen und seine eigenen Erfahrungen zu verarbeiten. Er nahm an einem Sabbatprogramm für Ordensleute im CTU (Catholic Theological Union) teil, das theologische Auffrischung mit spiritueller Erneuerung verband, und verbrachte einige Wochen in einem Kloster in New Mexico für eine persönliche Einkehrzeit.

Diese Phase der Reflexion half ihm, seine vielfältigen Erfahrungen – als Kirchenrechtler, als Missionar in Peru, als Ordensleiter auf globaler Ebene – zu integrieren und ein tieferes Verständnis seines eigenen Weges und seiner Berufung zu entwickeln. Die kulturelle und spirituelle Vielfalt, der er begegnet war, die Herausforderungen institutioneller Reform, die er geleitet hatte, und die persönlichen Begegnungen mit Menschen aus allen Teilen der Welt und allen Schichten der Gesellschaft hatten sein Verständnis von Kirche und Welt erweitert und vertieft.

"In dieser Zeit in Chicago", bemerkt ein enger Freund, "schien Robert einen inneren Frieden und eine Klarheit zu finden, die selbst in seinen intensivsten Momenten als Generalprior manchmal von der Hektik und dem Druck des Amtes überschattet worden waren. Er war nicht weniger engagiert oder energisch, aber es gab eine neue Gelassenheit, ein tieferes Vertrauen in Gottes Führung und eine größere Freiheit gegenüber äußeren Erwartungen."

Diese innere Reifung spiegelte sich auch in seinen Predigten und spirituellen Vorträgen wider, die er gelegentlich in verschiedenen Kontexten hielt. Seine Reflexionen waren geprägt von einer Tiefe, die aus persönlicher Erfahrung und innerer Verarbeitung kam, von einer Weisheit, die verschiedene Perspektiven zu integrieren wusste, und von einer

Authentizität, die auch schwierige Wahrheiten mit Barmherzigkeit zu verbinden vermochte. Ob er vor Ordensleuten über die Herausforderungen des geweihten Lebens im 21. Jahrhundert sprach, vor Pfarreimitgliedern über die sozialen Implikationen des Evangeliums oder vor Studenten über ethische Fragen – immer gelang es ihm, die großen Themen des Glaubens mit den konkreten Realitäten des Lebens zu verbinden.

Während seines Aufenthalts in Chicago pflegte Robert auch Kontakte zur lokalen Kirche und zu ökumenischen Partnern. Er nahm an Treffen des Priesterrats der Erzdiözese Chicago teil, engagierte sich in interreligiösen Initiativen für sozialen Frieden in der Stadt und unterstützte ökumenische Projekte zur Bekämpfung von Armut und Gewalt. Diese Vernetzung auf lokaler Ebene, so unterschiedlich sie von seiner früheren globalen Rolle auch war, gab ihm ein tieferes Verständnis für die Herausforderungen und Möglichkeiten der Kirche in einem urbanen, pluralistischen Kontext.

Ein wichtiger Aspekt von Roberts Zeit in Chicago war auch die Wiederentdeckung seiner amerikanischen Identität und Wurzeln. Nach Jahren in Peru und Rom, wo er primär in internationalen und lateinamerikanischen Kreisen gewirkt hatte, bedeutete die Rückkehr in die USA eine Form des Heimkommens und der Wiederverbindung mit seiner kulturellen Herkunft. Er besuchte alte Freunde aus seiner Schul- und Universitätszeit, erkundete veränderte Stadtteile seiner Heimatstadt, verfolgte die kulturellen und politischen Entwicklungen in der amerikanischen Gesellschaft und reflektierte über die Rolle der Kirche in diesem spezifischen Kontext.

Diese Wiederverbindung mit seinem amerikanischen Hintergrund sollte sich als wertvoll erweisen für seine spätere Rolle als Brückenbauer zwischen verschiedenen kulturellen und kirchlichen Welten. Sie half ihm, die Stärken und Schwächen des nordamerikanischen Katholizismus besser zu verstehen, seine eigenen kulturellen Prägungen bewusster zu reflektieren und ein ausgewogeneres Verhältnis zu den verschiedenen Kulturen zu entwickeln, die Teil seiner Identität und Erfahrung geworden waren.

Die Zeit in Chicago war für Robert in vielerlei Hinsicht eine Phase des Übergangs und der Neuorientierung. Sie bot ihm die Gelegenheit, nach Jahren intensiver globaler Verantwortung zur Ruhe zu kommen, seine vielfältigen Erfahrungen zu integrieren und sich auf neue Weise mit seinen

Wurzeln zu verbinden. Sie ermöglichte ihm, von der Hektik des "Macher-Modus" in einen reflektiveren, kontemplativen Modus zu wechseln, ohne dabei seine Engagement und seinen Dienst aufzugeben.

Diese Zeit der Reflexion und Neuorientierung sollte jedoch kürzer ausfallen als ursprünglich geplant. Im Spätsommer 2014, weniger als ein Jahr nach seiner Rückkehr in die USA, erhielt Robert einen unerwarteten Anruf aus Rom. Papst Franziskus, der erst im März 2013 sein Pontifikat begonnen hatte und dabei war, wichtige Reformen in der Kirche einzuleiten, hatte ihn für eine neue Aufgabe ins Auge gefasst – als Bischof in Peru, dem Land, das zu seiner zweiten Heimat geworden war.

Dieser Ruf kam überraschend, aber nicht völlig unvorbereitet. Schon während seiner Zeit als Generalprior hatte Robert gelegentliche Kontakte zu Kardinal Jorge Mario Bergoglio gehabt, dem damaligen Erzbischof von Buenos Aires und späteren Papst Franziskus. Die beiden teilten eine ähnliche Vision von Kirche – eine "arme Kirche für die Armen", wie Franziskus es nannte, eine Kirche, die an die Peripherien geht, die den Dialog mit verschiedenen Kulturen sucht und die auf die Zeichen der Zeit mit kreativer Treue antwortet.

Die Nachricht von seiner bevorstehenden Ernennung erreichte Robert während eines Treffens des Provinzrats, an dem er als Berater teilnahm. Der Anruf des Apostolischen Nuntius in Washington, der ihm die Entscheidung des Papstes mitteilte, veränderte die Richtung seines Lebens erneut. Nach einer Zeit des Gebets und der Beratung mit seinen Ordensvorgesetzten und geistlichen Begleitern nahm er die Ernennung an, mit einer Mischung aus Demut, Respekt für den Willen des Papstes und Freude über die Rückkehr nach Peru.

Am 3. November 2014 wurde seine Ernennung zum Titularbischof von Sufar und zum Apostolischen Administrator der Diözese Chiclayo in Peru offiziell bekanntgegeben. Die Nachricht verbreitete sich schnell in der augustinischen Gemeinschaft, in der Erzdiözese Chicago und besonders in Peru, wo viele, die Robert aus seiner früheren Zeit kannten, die Nachricht mit Begeisterung aufnahmen.

Die letzten Wochen in Chicago waren geprägt von Abschieden und Vorbereitungen. Am 12. Dezember 2014, dem Fest Unserer Lieben Frau von Guadalupe, der Patronin Amerikas, wurde Robert in der Kathedrale der Heiligen Namen in Chicago zum Bischof geweiht. Die feierliche Liturgie, geleitet vom Erzbischof von Chicago, Blase J. Cupich, und konzelebriert von zahlreichen Bischöfen und Priestern, brachte Menschen aus allen Phasen von Roberts Leben zusammen – seine Familie und Freunde aus Chicago, Mitbrüder aus dem Augustinerorden, ehemalige Kollegen aus Rom und sogar eine Delegation aus Peru, die extra für diesen Anlass angereist war.

In seiner Predigt reflektierte Erzbischof Cupich über die Bedeutung des bischöflichen Dienstes in der heutigen Kirche und hob Roberts reiche internationale Erfahrung, seine Sensibilität für verschiedene Kulturen und sein Engagement für die Armen hervor. Er betonte auch die augustinische Prägung des neuen Bischofs, seine Verwurzelung in einer spirituellen Tradition, die Gemeinschaft, Innerlichkeit und Dienst an der Kirche betont.

Nach der Weiheliturgie fand ein Empfang statt, bei dem Robert Gelegenheit hatte, sich persönlich von vielen Menschen zu verabschieden, die seinen Weg begleitet hatten. Es war ein emotionaler Moment, besonders für seine Familie, die ihren Sohn und Bruder nun in eine weit entfernte Diözese ziehen sah, aber auch ein Moment des Stolzes und der Freude über seine neue Mission im Dienst der Kirche.

Die kurze Zeit in Chicago (2013-2014) mag im Vergleich zu anderen Phasen in Roberts Leben wie ein Zwischenspiel erscheinen, aber sie war entscheidend für seine persönliche und spirituelle Entwicklung. Diese Monate der Reflexion, der Wiederverbindung mit seinen Wurzeln und der Integration seiner vielfältigen Erfahrungen bereiteten ihn auf eine neue Phase seines Dienstes vor – als Bischof in Peru und später in höheren Ämtern der Kirche.

Die Lektionen dieser Zeit – die Bedeutung von Reflexion und Kontemplation inmitten aktiven Engagements, die Verwurzelung in der eigenen Geschichte und Identität, die Integration verschiedener kultureller und spiritueller Perspektiven – würden sich als wertvoll erweisen für seinen weiteren Weg, der ihn schließlich auf den Stuhl des heiligen Petrus führen sollte.

In den letzten Tagen des Jahres 2014 verließ Bischof Robert Francis Prevost Chicago und machte sich auf den Weg nach Peru, um sein neues Amt als Apostolischer Administrator von Chiclayo anzutreten. Er reiste mit leichtem Gepäck, aber reich an Erfahrungen, Beziehungen und spiritueller Tiefe – Ressourcen, die ihm in den kommenden Herausforderungen gute Dienste leisten würden.

KAPITEL 13: APOSTOLISCHER ADMINISTRATOR UND BISCHOF VON CHICLAYO (2014-2015)

Am 7. November 2014 landete Robert Francis Prevost, nun Titularbischof von Sufar, auf dem Flughafen von Chiclayo im Norden Perus. Fast 30 Jahre nach seiner ersten Ankunft in Peru als junger Missionar kehrte er nun als Bischof in das Land zurück, das zu seiner zweiten Heimat geworden war. Der Empfang, der ihm in Chiclayo bereitet wurde, war überwältigend: Hunderte von Gläubigen, Priestern, Ordensleuten und Vertretern der Zivilgesellschaft hatten sich versammelt, um den neuen Apostolischen Administrator ihrer Diözese zu begrüßen.

Die Diözese Chiclayo, zu deren vorläufigem Leiter Papst Franziskus ihn ernannt hatte, umfasst einen bedeutenden Teil der nordperuanischen Region Lambayeque, mit der gleichnamigen Stadt Chiclayo als Zentrum. Mit etwa einer Million Katholiken, 75 Pfarreien und etwa 120 Priestern (Diözesanpriester und Ordensleute) gehört sie zu den größeren Diözesen Perus. Die Region ist bekannt für ihre reiche präkolumbianische Geschichte, besonders die Moche- und Chimú-Kulturen, ihre lebendigen kulturellen Traditionen und ihre vielfältige Landwirtschaft, die vom Küstenanbau bis zu den Hochlandregionen reicht.

Die Ernennung Roberts zum Apostolischen Administrator erfolgte in einer schwierigen Situation. Sein Vorgänger, Bischof Jesús Moliné Labarta, ein Spanier, der die Diözese seit 1998 geleitet hatte, war im April 2014 zurückgetreten, nachdem interne Spannungen und Konflikte die Diözese in eine Krise gestürzt hatten. Die genauen Umstände dieser Krise wurden nie vollständig öffentlich gemacht, aber es ging offenbar um Fragen der Führung, der Finanzverwaltung und der pastoralen Ausrichtung, die zu einer tiefen Spaltung innerhalb des Klerus und zu einem Vertrauensverlust bei vielen Gläubigen geführt hatten.

Diese Situation stellte Robert vor eine erhebliche Herausforderung. Als Apostolischer Administrator – eine vorläufige Rolle, die normalerweise in Ausnahmesituationen eingesetzt wird – hatte er die Aufgabe, die Diözese zu stabilisieren, die Spannungen zu entschärfen und den Weg für eine langfristige Lösung zu ebnen. Seine Ernennung wurde allgemein als kluger Schritt des Papstes gesehen, da Robert sowohl mit der peruanischen Realität vertraut war als auch als Außenstehender die notwendige Distanz zu den lokalen Konflikten mitbrachte.

Roberts erste öffentliche Geste in Chiclayo war symbolisch und programmatisch zugleich: Nach seiner Ankunft am Flughafen bat er darum, direkt zum "Santuario de la Virgen de la Paz" (Heiligtum Unserer Lieben Frau vom Frieden) gefahren zu werden, einem wichtigen Wallfahrtsort in der Diözese. Dort betete er für Frieden und Versöhnung in der lokalen Kirche und stellte seinen Dienst unter den Schutz der Gottesmutter. Diese Geste wurde weithin als Zeichen seiner Prioritäten verstanden: Heilung der Spaltungen, Förderung des Friedens und Verankerung aller Erneuerungsbemühungen im Gebet und in der spirituellen Dimension.

In den folgenden Tagen und Wochen widmete Robert sich intensiv dem Kennenlernen der Diözese und ihrer Menschen. Er traf sich mit dem Domkapitel, dem Priesterrat, den Ordensgemeinschaften, den Laiengremien und den Mitarbeitern der diözesanen Verwaltung. Er besuchte das Priesterseminar, Schulen, Krankenhäuser und soziale Einrichtungen. Er unternahm Reisen in verschiedene Teile der Diözese, von den urbanen Zentren bis zu abgelegenen ländlichen Gemeinden, um ein möglichst umfassendes Bild der pastoralen Realität zu gewinnen.

Diese intensive "Zuhörphase" war charakteristisch für Roberts Führungsstil. Er war nicht gekommen, um fertige Lösungen zu präsentieren oder drastische Veränderungen ohne Kenntnis der lokalen Gegebenheiten durchzusetzen. Vielmehr wollte er zuerst verstehen, zuhören und die verschiedenen Perspektiven kennenlernen, bevor er Entscheidungen traf. Diese Herangehensweise, die Respekt für die lokale Kirche und ihre Geschichte zeigte, half ihm, Vertrauen aufzubauen und die anfänglichen Vorbehalte mancher Gruppen zu überwinden.

Ein ehemaliger diözesaner Mitarbeiter erinnert sich: "Bischof Robert kam nicht als 'Aufräumkommando' oder als Richter, der Schuldige suchen wollte. Er kam als Hirte, der die Herde sammeln, die Verwundeten heilen und allen eine neue Perspektive eröffnen wollte. Er hörte allen Seiten zu, ohne vorschnell Partei zu ergreifen, und half uns, die tieferen Fragen jenseits der unmittelbaren Konflikte zu erkennen."

Nach dieser intensiven Kennenlernphase begann Robert mit behutsamen, aber entschlossenen Schritten zur Erneuerung der Diözese. Eine seiner ersten Maßnahmen war die Reorganisation der diözesanen Verwaltung. Er ernannte einen neuen Generalvikar und andere Schlüsselpersonen in der Kurie, wobei er auf eine ausgewogene Repräsentation verschiedener Gruppen achtete. Er richtete transparentere Strukturen für die Finanzverwaltung ein, mit klaren Kontrollmechanismen und regelmäßiger Berichterstattung. Und er initiierte eine Überprüfung aller diözesanen Programme und Strukturen, um ihre Effektivität und Relevanz für die aktuelle Situation zu evaluieren.

Diese administrativen Reformen waren wichtig, aber für Robert war klar, dass die tieferen Probleme der Diözese nicht nur struktureller, sondern auch spiritueller und pastoraler Natur waren. Er erkannte die Notwendigkeit einer umfassenderen Erneuerung, die bei der geistlichen Identität der Diözese und ihrem pastoralen Auftrag ansetzen musste.

Zu diesem Zweck berief er im März 2015 eine diözesane Pastoralversammlung ein, zu der Vertreter aller Pfarreien, Ordensgemeinschaften und kirchlichen Bewegungen eingeladen waren. Diese dreitägige Versammlung, die unter dem Motto "Eine synodale Kirche im Dienst des Volkes Gottes" stand, bot Raum für offenen Dialog, gemeinsame Reflexion und die Entwicklung einer erneuerten Vision für die Diözese. Robert leitete die Versammlung nicht als autoritärer Vorsitzender, sondern als Moderator und Integrator, der die verschiedenen Stimmen zu Gehör brachte und einen Prozess der gemeinsamen Unterscheidung förderte.

Aus dieser Versammlung ging ein pastoraler Aktionsplan hervor, der die Prioritäten und Leitlinien für die kommenden Jahre festlegte. Der Plan betonte die Notwendigkeit einer erneuerten Evangelisierung, die auf den Kontext und die Kultur der Region zugeschnitten war; die Förderung einer stärkeren Beteiligung der Laien auf allen Ebenen des kirchlichen Lebens; die Option für die Armen und Ausgegrenzten als zentrales Element der pastoralen Ausrichtung; und die Vertiefung der spirituellen Formation aller Gläubigen, vom Klerus bis zu den einfachen Gemeindemitgliedern.

Parallel zu diesen diözesanweiten Initiativen widmete Robert besondere Aufmerksamkeit dem Priesterseminar und der Ausbildung zukünftiger Priester. Das Seminar von Chiclayo hatte in den vorangegangenen

Jahren unter Spannungen und Unsicherheiten gelitten, was zu einer Abnahme der Berufungen und zu Problemen in der Ausbildung geführt hatte. Robert besuchte das Seminar regelmäßig, führte persönliche Gespräche mit Seminaristen und Ausbildern, überprüfte das Ausbildungsprogramm und initiierte Verbesserungen in verschiedenen Bereichen.

Seine Vision für die Priesterausbildung war geprägt von seiner augustinischen Spiritualität und seiner internationalen Erfahrung. Er betonte die Bedeutung einer soliden intellektuellen Bildung, die theologische Tiefe mit pastoraler Relevanz verband; einer authentischen spirituellen Formation, die auf einer persönlichen Beziehung zu Christus und einem Leben des Gebets beruhte; einer menschlichen Reifung, die emotionale Gesundheit und relationale Fähigkeiten förderte; und einer pastoralen Ausbildung, die die Seminaristen auf die realen Herausforderungen der Seelsorge in verschiedenen Kontexten vorbereitete.

"Bischof Robert brachte frischen Wind ins Seminar", erinnert sich ein damaliger Seminarist, der später zum Priester geweiht wurde. "Er forderte uns intellektuell heraus, ohne uns zu überfordern; er ermutigte uns zu einem tieferen Gebetsleben, ohne in Frömmigkeit zu verfallen; er half uns, unsere menschlichen Stärken und Schwächen besser zu verstehen; und er inspirierte uns mit seiner eigenen Leidenschaft für die Seelsorge und seinen Respekt für die Menschen, denen wir dienen würden."

Ein weiterer Schwerpunkt von Roberts Wirken in Chiclayo war die Förderung sozialer Gerechtigkeit und die Unterstützung der Armen und Marginalisierten. Die Region Lambayeque, obwohl wirtschaftlich bessergestellt als manche andere Teile Perus, kämpfte mit erheblicher Armut, besonders in ländlichen Gebieten und urbanen Randgebieten. Ungleichheit, mangelnder Zugang zu Bildung und Gesundheitsversorgung, und die Ausbeutung von Landarbeitern und Fabrikarbeiterinnen waren drängende Probleme.

Robert machte diese Themen zu einem zentralen Anliegen seines bischöflichen Dienstes. Er besuchte regelmäßig Armenviertel und abgelegene Dörfer, hörte den Menschen zu und setzte sich für ihre Anliegen ein. Er stärkte die diözesanen sozialen Dienste, besonders Caritas, und förderte Projekte in den Bereichen Bildung, Gesundheit und wirtschaftliche Entwicklung. Er sprach öffentlich über Fragen der sozialen Gerechtigkeit und kritisierte Strukturen und Praktiken, die zur Marginalisierung und Ausbeutung von Menschen beitrugen.

In all diesen Aktivitäten bewies Robert eine bemerkenswerte Fähigkeit, spirituelle Tiefe mit praktischem Engagement, prophetische Klarheit mit politischer Klugheit zu verbinden. Er sprach deutliche Worte, wo es notwendig war, blieb aber stets respektvoll und dialogbereit. Er prangerte Unrecht an, ohne Menschen zu dämonisieren, und suchte nach Lösungen, die auf das Gemeinwohl aller ausgerichtet waren. Diese ausgewogene Herangehensweise gewann ihm Respekt über konfessionelle und politische Grenzen hinweg und machte ihn zu einer einflussreichen Stimme in der Region.

Die Monate als Apostolischer Administrator waren intensiv und herausfordernd, aber auch erfüllt von Momenten der Gnade und der Hoffnung. Robert sah, wie die anfänglichen Spannungen und Spaltungen in der Diözese allmählich nachließen, wie ein neuer Geist der Zusammenarbeit und des gemeinsamen Dienstes zu wachsen begann, und wie die Menschen neue Hoffnung für ihre Kirche schöpften. Die positiven Veränderungen, die er in kurzer Zeit bewirken konnte, waren ein Zeugnis für seine Führungsqualitäten, seine pastorale Sensibilität und seine Fähigkeit, Menschen zu einen und zu inspirieren.

Am 26. September 2015, weniger als ein Jahr nach seiner Ernennung zum Apostolischen Administrator, wurde Robert von Papst Franziskus zum Bischof von Chiclayo ernannt. Diese Ernennung, die seine vorläufige Rolle in eine dauerhafte Verantwortung umwandelte, wurde in der Diözese mit Freude und Dankbarkeit aufgenommen. Die feierliche Amtseinführung fand am 12. Oktober 2015 in der Kathedrale Santa María in Chiclayo statt, in Anwesenheit zahlreicher Bischöfe, Priester, Ordensleute und Gläubigen aus der ganzen Region.

In seiner Ansprache bei der Amtseinführung bekräftigte Robert seine Vision einer synodalen, missionarischen und dienenden Kirche und erneuerte sein Engagement für die Erneuerung der Diözese. Er wählte als bischöflichen Wahlspruch "In Illo Uno Unum" (In dem Einen sind wir eins) – Worte des heiligen Augustinus, die seine Vision einer Kirche ausdrückten, die in Christus geeint und zu einem gemeinsamen Dienst berufen ist.

Die Ernennung zum Diözesanbischof gab Robert größere Stabilität und Handlungsfreiheit für sein pastorales Wirken. Er konnte nun langfristiger planen und tiefergreifende Reformen initiieren, mit dem Wissen, dass er die Zeit haben würde, diese Prozesse zu begleiten und zu vollenden. Diese neue Phase seines bischöflichen Dienstes würde ihn vor weitere Herausforderungen stellen, aber auch neue Möglichkeiten eröffnen, die Erneuerung der Diözese voranzutreiben und sein Verständnis von Kirche und Bischofsamt zu vertiefen.

Roberts Erfolg als Apostolischer Administrator und seine Ernennung zum Bischof von Chiclayo war jedoch nur der Anfang eines Weges, der ihn über verschiedene Stationen schließlich in das höchste Amt der katholischen Kirche führen sollte. Die Erfahrungen und Lektionen dieser intensiven Zeit in Nordperu – die Heilung von Spaltungen, die Förderung einer synodalen Kirche, die Option für die Armen, die Balance zwischen spiritueller Tiefe und praktischem Engagement – würden sein weiteres Wirken prägen und zu wesentlichen Elementen seines späteren päpstlichen Dienstes werden.

KAPITEL 14: HIRTENDIENST IN EINER HERAUSFORDERNDEN ZEIT: BISCHOF VON CHICLAYO (2015-2023)

Mit seiner offiziellen Ernennung zum Bischof von Chiclayo am 26. September 2015 begann für Robert Francis Prevost eine neue Phase seines kirchlichen Dienstes. Von der vorläufigen Rolle eines Krisenmanagers und Heilers wechselte er in die umfassendere und langfristigere Verantwortung als ordentlicher Hirte einer Diözese. Diese neue Rolle ermöglichte es ihm, über die unmittelbare Stabilisierung hinaus eine tiefere und nachhaltigere Erneuerung der lokalen Kirche anzustreben.

Die Jahre als Bischof von Chiclayo (2015-2023) fielen in eine Zeit bedeutender Umbrüche und Herausforderungen sowohl in Peru als auch in der weltweiten Kirche. Im nationalen Kontext erlebte Peru politische Instabilität mit mehreren Präsidentenwechseln, eine wachsende Polarisierung der Gesellschaft, wirtschaftliche Höhen und Tiefen und schließlich die verheerende COVID-19-Pandemie. In der Kirche waren diese Jahre geprägt vom Pontifikat von Papst Franziskus mit seiner Vision einer synodalen, missionarischen Kirche, aber auch von anhaltenden Spannungen zwischen verschiedenen Strömungen und Sensibilitäten und von der fortschreitenden Aufarbeitung des Missbrauchsskandals.

In diesem herausfordernden Kontext entwickelte Robert seine Vision und Praxis des bischöflichen Dienstes, die auf fünf Hauptsäulen beruhte: die Förderung einer synodalen Kirche mit aktiver Beteiligung aller Gläubigen; die Vertiefung der spirituellen und theologischen Bildung auf allen Ebenen; die Option für die Armen und Ausgegrenzten; die Erneuerung der Evangelisierung in einem sich wandelnden kulturellen Kontext; und die Förderung von Dialog und Zusammenarbeit über kirchliche und religiöse Grenzen hinweg.

Auf dem Weg zu einer synodalen Kirche

Eine der klarsten Prioritäten in Roberts bischöflichem Wirken war die Förderung einer stärker synodalen Kirche, in der Verantwortung und Entscheidungsprozesse geteilt, und die Stimmen aller Glieder des Volkes Gottes gehört werden. Diese Ausrichtung entsprach sowohl seiner eigenen augustinischen Spiritualität mit ihrer Betonung der Gemeinschaft als auch der von Papst Franziskus angestoßenen Erneuerung der Kirche im Sinne der Synodalität.

Konkret umgesetzt wurde diese Vision durch die Stärkung oder Neu-einrichtung verschiedener Beratungs- und Mitwirkungsgremien. Der Priesterrat, ein Beratungsorgan bestehend aus gewählten Vertretern des Diözesanklerus, wurde revitalisiert und traf sich regelmäßig, um pastorale und administrative Fragen zu besprechen. Der Pastoralrat, in dem Priester, Ordensleute und Laien zusammenwirkten, wurde nach Jahren der In-aktivität neu konstituiert und zu einem wichtigen Forum für die Entwicklung pastoraler Strategien und Initiativen. Auch auf Pfarreiebene förderte Robert die Einrichtung von Pastoralräten, in denen Laien an der Gestaltung des Gemeindelebens mitwirken konnten.

Über diese formalen Strukturen hinaus kultivierte Robert einen Führungsstil, der auf echtem Zuhören, offener Kommunikation und geteilter Verantwortung basierte. Er war bekannt für seine Zugänglichkeit und seine Bereitschaft, Menschen aller Schichten und Hintergründe zu empfangen und ihnen aufmerksam zuzuhören. Er hielt regelmäßige "encuentros" (Begegnungen) mit verschiedenen Gruppen – Jugendlichen, Frauen, Bauern, Arbeitern, indigenen Gemeinschaften – um ihre spezifischen Anliegen und Perspektiven kennenzulernen und sie in die Entwicklung pastoraler Antworten einzubeziehen.

Besonders bemerkenswert war sein Engagement für die Stärkung der Rolle der Frauen in der Kirche. Obwohl er als katholischer Bischof an die lehramtlichen Positionen zur Priesterweihe gebunden war, tat er alles in seiner Macht Stehende, um Frauen in andere Führungs- und Entscheidungspositionen einzubinden. Er ernannte Frauen zu Leiterinnen diözesaner Kommissionen und Abteilungen, förderte ihre theologische und pastorale Ausbildung und sprach öffentlich über die Notwendigkeit, ihre Stimmen und Charismen in der Kirche stärker zur Geltung zu bringen.

"Bischof Robert hat uns nie als Hilfskräfte oder Dekoration behandelt, sondern als gleichwertige Partner in der Mission der Kirche", erinnert sich María Elena Córdova, die unter seiner Leitung die diözesane Kommission für Familienpastoral leitete. "Er vertraute uns wichtige Aufgaben an, hörte auf unsere Vorschläge und Kritiken, und setzte sich für unsere

Weiterbildung ein. Er war kein verbaler Feminist, der große Reden über Frauenrechte hielt – er praktizierte einfach Respekt und Partnerschaftlichkeit im täglichen Umgang."

Ein Höhepunkt dieser synodalen Ausrichtung war die Diözesansynode, die Robert im Jahr 2018 einberief – die erste in der 60-jährigen Geschichte der Diözese Chiclayo. Die Synode, die unter dem Thema "Eine missionarische Kirche im Dienst des Volkes Gottes" stand, umfasste einen mehrjährigen Prozess mit Konsultationen auf Pfarrei- und Dekanatsebene, thematischen Arbeitsgruppen und schließlich einer Vollversammlung von gewählten Delegierten aus allen Teilen der Diözese. Der synodale Prozess mündete in einen umfassenden Pastoralplan, der die Prioritäten und Strategien für die kommenden Jahre festlegte und zu einem wichtigen Orientierungsrahmen für die weitere Erneuerung der Diözese wurde.

Diese synodale Praxis in Chiclayo wurde später zu einem Modell für andere Diözesen in Peru und Lateinamerika. Robert wurde zunehmend als Experte zu diesem Thema angefragt und hielt Vorträge und Workshops in verschiedenen Teilen des Kontinents. Seine praktischen Erfahrungen mit Synodalität auf diözesaner Ebene würden sich auch als wertvoll erweisen für seine spätere Beteiligung an der weltweiten Bischofssynode zur Synodalität, die Papst Franziskus im Jahr 2021 einleitete.

Spirituelle und theologische Bildung

Die zweite Säule von Roberts bischöflichem Wirken war sein Fokus auf spirituelle und theologische Bildung. Er war überzeugt, dass eine erneuerte Kirche gut gebildete und spirituell tief verwurzelte Gläubige braucht – vom Klerus über die Ordensleute bis zu den Laien in allen Lebenssituationen. Diese Überzeugung, die seine eigene akademische Ausbildung und seine augustinische Spiritualität widerspiegelte, führte zu verschiedenen Initiativen zur Förderung einer ganzheitlichen Formation.

Für den Klerus initiierte er regelmäßige Fortbildungsprogramme, die theologische Aktualisierung mit spiritueller Erneuerung verbanden. Jährliche Priestertreffen, monatliche Dekanatskonferenzen und spezielle Kurse zu aktuellen pastoralen und theologischen Themen boten Gelegenheiten für kontinuierliches Lernen und Austausch. Besonders innovativ war ein Mentorenprogramm, das er für neu geweihte Priester einrichtete, bei dem sie in den ersten drei Jahren ihres Dienstes von erfahrenen Pastoren begleitet wurden, um den oft schwierigen Übergang vom Seminar zur vollen pastoralen Verantwortung zu erleichtern.

Für Ordensleute förderte Robert die Zusammenarbeit zwischen verschiedenen Gemeinschaften durch gemeinsame Bildungsprogramme, spirituelle Tage und pastorale Projekte. Er unterstützte besonders die kontemplativen Gemeinschaften in der Diözese, deren spirituelle Tiefe und Gebetsleben er als wesentlichen Beitrag zur Mission der Kirche schätzte. Regelmäßige Besuche in Klöstern und Konventen, persönliche Gespräche mit Ordensmitgliedern und seine Teilnahme an besonderen Feiern zeigten seine Wertschätzung für das geweihte Leben in all seinen Formen.

Die theologische und pastorale Bildung von Laien war ein besonderes Anliegen Roberts. Unter seiner Leitung wurde die diözesane Schule für Laiendienste erweitert und umstrukturiert, um ein breiteres Spektrum von Kursen auf verschiedenen Niveaus anzubieten – von grundlegender Katechese bis zu fortgeschrittenen theologischen Studien. Besonders innovativ war die Einrichtung dezentraler Bildungszentren in verschiedenen Teilen der Diözese, die Bildung auch für Menschen in abgelegenen Gebieten oder mit begrenzten zeitlichen und finanziellen Ressourcen zugänglich machten.

Ein bemerkenswertes Projekt war die Gründung des "Instituto Agustiniano de Estudios Teológicos" (Augustinisches Institut für Theologische Studien) im Jahr 2019, eine Kooperation zwischen der Diözese und dem Augustinerorden. Dieses Institut bot akademische Programme in Theologie, Philosophie und Pastoralstudien an, mit besonderem Fokus auf die augustinische Tradition und ihre Relevanz für die heutige Welt. Das Institut diente nicht nur der Ausbildung von Priesteramtskandidaten, sondern stand auch Ordensleuten und Laien offen und entwickelte sich zu einem wichtigen Zentrum theologischer Reflexion und pastoraler Innovation in der Region.

"Bischof Robert verstand Bildung nicht als abstraktes Wissen, sondern als transformative Erfahrung", erklärt Dr. Carlos Mendoza, der erste Direktor des Instituts. "Er wollte, dass die Menschen nicht nur theologische Konzepte lernten, sondern dass sie Gott tiefer begegneten, dass sie kritisch über ihren Glauben und ihre Praxis nachdenken konnten, und dass sie befähigt wurden, in Kirche und Gesellschaft verantwortlich mitzuwirken. Diese ganzheitliche Vision prägte alle Bildungsinitiativen in seiner Zeit."

Besonders bemerkenswert war Roberts persönlicher Beitrag zur theologischen Bildung.

Option für die Armen und Ausgegrenzten

Die dritte Säule von Roberts bischöflichem Wirken war sein entschiedenes Engagement für die Armen und Marginalisierten. Diese Option für die Armen, ein zentrales Element der lateinamerikanischen Kirchenerfahrung seit der Bischofskonferenz von Medellín (1968), war für ihn nicht nur eine pastoral-strategische Entscheidung, sondern eine grundlegende theologische Positionierung, die im Evangelium selbst verwurzelt war.

In Chiclayo und der umliegenden Region Lambayeque gab es trotz wirtschaftlichen Wachstums in Peru weiterhin erhebliche soziale Probleme: Armut in städtischen Randgebieten und ländlichen Gemeinden, unzureichender Zugang zu Bildung und Gesundheitsversorgung, Ausbeutung von Landarbeitern und Fabrikarbeiterinnen, Umweltverschmutzung durch Bergbau und Agrarindustrie, und wachsende Kriminalität und Gewalt, besonders gegen Frauen und Kinder.

Roberts Antwort auf diese Herausforderungen war vielschichtig. Er stärkte das diözesane Caritas-Büro, das unter seiner Leitung von einer reinen Hilfsorganisation zu einem Akteur für integrale menschliche Entwicklung wurde, mit Programmen in den Bereichen Ernährungssicherheit, Gesundheit, Bildung, Wohnungsbau und wirtschaftliche Eigenständigkeit. Er förderte die Zusammenarbeit mit anderen kirchlichen und nichtkirchlichen Organisationen in gemeinsamen sozialen Projekten und baute Partnerschaften mit internationalen Hilfswerken auf, um zusätzliche Ressourcen zu mobilisieren.

Besonders innovativ war die Einrichtung eines "Observatorio Social" (Soziales Observatorium), einer Forschungs- und Advocacy-Einrichtung, die soziale Probleme in der Region systematisch untersuchte, Bewusstsein für strukturelle Ungerechtigkeiten schaffte und konstruktive Lösungsvorschläge entwickelte. Das Observatorium veröffentlichte regelmäßig

Berichte zu Themen wie Kinderarbeit, häusliche Gewalt, Umweltver-schmutzung oder Arbeitsbedingungen und wurde zu einer respektierten Stimme in regionalen und nationalen Debatten zu sozialen Fragen.

Roberts Engagement für soziale Gerechtigkeit beschränkte sich nicht auf institutionelle Programme und Strukturen. Er war bekannt für seine persönliche Nähe zu den Armen und Ausgegrenzten, für seine regelmäßi-gen Besuche in Armenvierteln, abgelegenen Dörfern, Gefängnissen, Kran-kenhäusern und Altenheimen. Er hörte den Menschen zu, teilte ihre Sor-gen und Hoffnungen, feierte mit ihnen Gottesdienst und setzte sich für ihre Anliegen ein. Diese direkten Begegnungen hielten ihn geerdet und gaben seinem sozialen Engagement Authentizität und Glaubwürdigkeit.

Auch in seiner öffentlichen Kommunikation sprach Robert klar und mu-tig über soziale Fragen. In Predigten, Hirtenbriefen, Interviews und öf-fentlichen Stellungnahmen benannte er Situationen von Ungerechtigkeit und Ausbeutung, kritisierte wirtschaftliche und politische Strukturen, die Armut und Ausgrenzung perpetuierten, und forderte konkrete Verände-rungen zugunsten des Gemeinwohls. Er tat dies nicht aus einer parteipo-litischen Position heraus, sondern aus der Perspektive des Evangeliums und der katholischen Soziallehre, was ihm Respekt auch bei politischen Gegnern einbrachte.

Ein besonderes Anliegen war ihm der Schutz der Umwelt und die För-derung einer integralen Ökologie, wie sie Papst Franziskus in seiner En-zyklika "Laudato Si'" (2015) dargelegt hatte. Die Region Lambayeque war mit erheblichen Umweltproblemen konfrontiert, von der Zerstörung na-türlicher Ökosysteme über Wasserverschmutzung durch Agrarindustrie und Bergbau bis hin zu den Auswirkungen des Klimawandels auf die lokale Landwirtschaft. Robert initiierte verschiedene ökologische Projekte, da-runter Umweltbildungsprogramme, Wiederaufforstungsinitiativen und Kampagnen für nachhaltige Landwirtschaft. Er sprach sich öffentlich ge-gen umweltschädliche Praktiken aus und forderte ein neues Entwicklungs-modell, das ökologische Nachhaltigkeit mit sozialer Gerechtigkeit verbin-det.

Die COVID-19-Pandemie, die ab März 2020 Peru besonders hart traf, wurde zu einer extremen Herausforderung für Roberts sozialpastorales Engagement. Die Region Lambayeque gehörte zu den am stärksten betroffenen Gebieten, mit hohen Infektions- und Todesraten, überlasteten Gesundheitssystemen und verheerenden wirtschaftlichen Folgen für viele Familien. In dieser Krisensituation mobilisierte Robert alle verfügbaren Ressourcen der Diözese und ihrer Partner für die Nothilfe und medizinische Unterstützung. Er stellte kirchliche Einrichtungen für die Versorgung von COVID-Patienten zur Verfügung, organisierte Lebensmittelverteilungen für bedürftige Familien, richtete Telefonseelsorgedienste ein und unterstützte besonders gefährdete Gruppen wie ältere Menschen und Migranten.

Gleichzeitig nutzte er seine öffentliche Stimme, um auf systemische Probleme hinzuweisen, die durch die Pandemie offengelegt wurden – die chronische Unterfinanzierung des Gesundheitssystems, die Prekarität vieler Arbeitsverhältnisse, die fehlenden sozialen Sicherungssysteme und die wachsende Ungleichheit. Er forderte nicht nur kurzfristige Hilfsmaßnahmen, sondern langfristige strukturelle Veränderungen, die eine gerechtere und widerstandsfähigere Gesellschaft fördern würden.

"Bischof Robert war in dieser schwierigen Zeit ein echter Hirte", erinnert sich Dr. Luisa Mendoza, eine Ärztin, die in einem der Pandemie-Hilfszentren der Diözese arbeitete. "Er war nicht nur besorgt um die körperlichen Bedürfnisse der Menschen, sondern auch um ihre seelischen und geistlichen Nöte. Er spendete Trost und Hoffnung, stand Sterbenden bei, unterstützte erschöpfte Mitarbeiter und half den Menschen, inmitten von Leid und Verlust einen Sinn zu finden. Gleichzeitig war er eine prophetische Stimme, die auf die tieferen Ursachen dieser Krise hinwies und eine grundlegende Neuorientierung in Wirtschaft und Politik forderte."

Erneuerung der Evangelisierung

Die vierte Säule von Roberts bischöflichem Wirken war sein Engagement für eine erneuerte Evangelisierung, die auf die veränderten kulturellen und gesellschaftlichen Bedingungen reagierte. Peru, wie viele lateinamerikanische Länder, befand sich in einem tiefgreifenden kulturellen Wandel, mit wachsender Urbanisierung, technologischer Revolution, veränderten Familienstrukturen, zunehmender religiöser Pluralität und einer gewissen Entfremdung jüngerer Generationen von traditionellen kirchlichen Formen.

Robert erkannte die Notwendigkeit, das Evangelium auf neue, kulturell relevante Weise zu verkünden, ohne dabei die Substanz der christlichen Botschaft zu kompromittieren. Er entwickelte einen Ansatz, der Treue zur katholischen Tradition mit kreativer Anpassung an neue Kontexte verband, der die reiche religiöse Volksfrömmigkeit Perus wertschätzte und zugleich eine vertiefte und reflektierte Form des Glaubens förderte.

Ein Schwerpunkt seiner evangelisatorischen Vision war die Förderung kleiner christlicher Gemeinschaften, in denen der Glaube geteilt, reflektiert und gelebt werden konnte. Basierend auf dem Modell der "comunidades eclesiales de base" (kirchliche Basisgemeinschaften), aber angepasst an den spezifischen Kontext von Chiclayo, wurden diese Gemeinschaften zu wichtigen Zentren der Evangelisierung und der Kirchenerneuerung. Sie trafen sich regelmäßig zum gemeinsamen Bibelstudium, zum Gebet und zum sozialen Engagement und boten besonders in urbanen Umgebungen ein Gefühl von Zugehörigkeit und Unterstützung in einer zunehmend anonymen Gesellschaft.

Robert förderte auch neue Formen der Verkündigung und pastoralen Arbeit, die jüngere und entfremdete Bevölkerungsgruppen ansprechen konnten. Er unterstützte die Nutzung digitaler Medien für die Evangelisierung, initiierte innovative liturgische und pastorale Ansätze, die auf die Bedürfnisse und Sensibilitäten jüngerer Generationen zugeschnitten waren, und förderte den Dialog zwischen Glaube und zeitgenössischer Kultur in Bereichen wie Kunst, Musik, Wissenschaft und Technologie.

Besondere Aufmerksamkeit widmete er der Familienpastoral. In einer Zeit bedeutender Veränderungen in Familienstrukturen und -werten entwickelte er pastorale Ansätze, die sowohl das kirchliche Ideal der Familie bekräftigten als auch mit Barmherzigkeit und Unterstützung auf die realen Situationen vieler Familien eingingen. Er richtete ein diözesanes Zentrum für Familienberatung und -unterstützung ein, organisierte Programme für Ehevorbereitung und -begleitung und bot spezielle Unterstützung für Alleinerziehende, getrennte oder geschiedene Personen und Familien in Krisensituationen.

Die Jugendpastoral war ein weiterer wichtiger Bereich seiner evangelisatorischen Vision. Er initiierte verschiedene Programme und Initiativen, um junge Menschen zu erreichen und sie in das Leben der Kirche einzubeziehen – von zeitgemäßen Katechese- und Bildungsprogrammen über Jugendgruppen und -bewegungen bis hin zu sozialen Projekten und kulturellen Aktivitäten. Ein besonderes Anliegen war ihm die Förderung junger Führungspersönlichkeiten, die als Multiplikatoren in ihren Gemeinden und Umgebungen wirken konnten.

"Bischof Robert hatte ein besonderes Talent, mit jungen Menschen in Kontakt zu treten", berichtet Jorge Sánchez, der als Diözesanverantwortlicher für Jugendpastoral mit ihm zusammenarbeitete. "Er begegnete ihnen auf Augenhöhe, ohne herablassend oder bevormundend zu sein. Er nahm ihre Fragen und Zweifel ernst, hörte geduldig zu und bot ehrliche, durchdachte Antworten. Er vermittelte ihnen das Gefühl, wichtige Mitglieder der Kirche zu sein, nicht nur passive Empfänger, sondern aktive Teilnehmer an ihrer Mission. Und er forderte sie heraus, aus ihrer Komfortzone herauszutreten und sich für etwas Größeres als sich selbst einzusetzen."

Dialog und Zusammenarbeit

Die fünfte Säule von Roberts bischöflichem Wirken war sein Engagement für Dialog und Zusammenarbeit über kirchliche und religiöse Grenzen hinweg. In einer zunehmend pluralistischen und vernetzten Welt sah er die Notwendigkeit, Brücken zu bauen und gemeinsame Anstrengungen für das Gemeinwohl zu fördern, ohne dabei die eigene katholische Identität zu verwässern.

Auf ökumenischer Ebene pflegte er gute Beziehungen zu anderen christlichen Konfessionen in der Region, besonders zu evangelischen und pfingstlerischen Gemeinschaften, die in Peru stark wachsen. Er initiierte regelmäßige ökumenische Gebetstreffen, förderte theologische Dialoge zu Themen von gemeinsamem Interesse und suchte nach Möglichkeiten praktischer Zusammenarbeit in sozialen Projekten. Besonders bemerkenswert war sein Beitrag zur Überwindung historischer Spannungen und Vorurteile zwischen Katholiken und Evangelikalen durch offenen, respektvollen Dialog und gemeinsames Zeugnis für christliche Werte in der Gesellschaft.

Auch dem interreligiösen Dialog widmete Robert Aufmerksamkeit, obwohl Peru traditionell überwiegend christlich geprägt ist. Er förderte

Begegnungen mit Vertretern indigener religiöser Traditionen, mit jüdischen und muslimischen Gemeinschaften und mit buddhistischen Gruppen, die in Peru präsent sind. Sein Ansatz war geprägt von Respekt für andere religiöse Überzeugungen und dem Bemühen, Gemeinsamkeiten zu finden, ohne Unterschiede zu verschleiern.

Über den religiösen Bereich hinaus suchte Robert aktiv die Zusammenarbeit mit zivilgesellschaftlichen Organisationen, akademischen Institutionen, wirtschaftlichen Akteuren und staatlichen Stellen. Er war überzeugt, dass die komplexen Probleme der Gegenwart nur durch gemeinsame Anstrengungen verschiedener Sektoren der Gesellschaft gelöst werden können und dass die Kirche als Teil eines breiteren Netzwerks von Partnern zum Gemeinwohl beitragen sollte.

Ein Beispiel für diesen kooperativen Ansatz war die "Mesa de Concertación para la Lucha contra la Pobreza" (Kooperationsplattform für den Kampf gegen Armut), ein multisektorales Forum, das verschiedene Akteure zusammenbrachte, um gemeinsame Strategien gegen Armut und soziale Ausgrenzung zu entwickeln. Als aktives Mitglied dieses Forums trug Robert die Perspektive der Kirche ein, lernte aber auch von anderen Akteuren und suchte nach Synergien für effektivere Maßnahmen.

Dieses Engagement für Dialog und Zusammenarbeit spiegelte Roberts grundlegende Überzeugung wider, dass die Kirche nicht in Isolation, sondern in aktiver Auseinandersetzung mit der Welt ihre Mission erfüllen kann. Er sah in diesem Dialog nicht eine Verwässerung der kirchlichen Identität, sondern eine Bereicherung und Vertiefung des eigenen Selbstverständnisses sowie eine Chance, das Evangelium in neuen Kontexten zu bezeugen.

Herausforderungen und Widerstände

Roberts bischöfliches Wirken in Chiclayo war nicht ohne Herausforderungen und Widerstände. Seine Vision einer synodalen, missionarischen Kirche, die sich für soziale Gerechtigkeit einsetzt und mit verschiedenen Partnern zusammenarbeitet, stieß nicht überall auf Zustimmung. Sowohl innerhalb der Kirche als auch in der breiteren Gesellschaft gab es Gruppen, die seinen Ansatz kritisch sahen oder aktiv opponierten.

Innerhalb der Kirche kam Widerstand sowohl von traditionalistischen Kreisen, die seine Reformagenda als zu progressiv oder als Abweichung von etablierten Praktiken betrachteten, als auch von manchen Klerikern, die ihre privilegierte Position durch einen stärker partizipativen und laienzentrierten Ansatz bedroht sahen. Einige konservative Gruppen warfen ihm vor, zu sehr auf soziale Themen zu fokussieren und die spirituelle Dimension zu vernachlässigen, oder politische Agenden über kirchliche Lehren zu stellen.

In der breiteren Gesellschaft kritisierten wirtschaftliche und politische Eliten zuweilen seine klaren Worte zu sozialer Ungerechtigkeit, Umweltzerstörung oder Korruption. Seine Verteidigung der Rechte marginalisierter Gruppen, sein Eintreten für eine gerechtere Wirtschaftsordnung und seine Kritik an ausbeuterischen Praktiken brachten ihn gelegentlich in Konflikt mit mächtigen Interessen in der Region.

Robert begegnete diesen Widerständen mit einer Mischung aus Festigkeit in der Sache und Respekt für Personen, aus Treue zu seinen Prinzipien und Bereitschaft zum Dialog. Er vermied unnötige Polarisierung und suchte nach gemeinsamen Grundlagen, ohne dabei seine Überzeugungen zu kompromittieren. Diese ausgewogene Herangehensweise half ihm, viele anfängliche Widerstände zu überwinden und eine breitere Unterstützung für seine Vision zu gewinnen.

"Was Bischof Robert auszeichnete", bemerkt ein langjähriger Mitarbeiter, "war seine Fähigkeit, zwischen Essenziellem und Sekundärem zu unterscheiden. Er konnte flexibel sein in Methoden und Ansätzen, aber er war unbeugsam in seinen Grundüberzeugungen über die Würde jeder Person, die Option für die Armen und die Notwendigkeit einer erneuerten Kirche. Diese Klarheit gab ihm die Kraft, Widerstände zu überstehen, ohne verbittert oder dogmatisch zu werden."

Regionale und nationale Bedeutung

Roberts Einfluss als Bischof erstreckte sich weit über die Grenzen seiner Diözese hinaus. Innerhalb der Peruanischen Bischofskonferenz wurde er zunehmend als eine wichtige Stimme geschätzt, die sowohl Erfahrung aus verschiedenen kirchlichen Kontexten als auch eine klare Vision für die Zukunft der Kirche einbrachte. Er diente in verschiedenen Kommissionen der Bischofskonferenz, unter anderem als Vorsitzender der Kommission für das geweihte Leben und später der Kommission für Laien.

Im Jahr 2018 wurde er zum zweiten Vizepräsidenten der Peruanischen Bischofskonferenz gewählt, eine Position, die seine wachsende Anerkennung unter seinen Mitbischöfen widerspiegelte. In dieser Rolle vertrat er die peruanische Kirche bei verschiedenen nationalen und internationalen Anlässen und trug zur Entwicklung gemeinsamer pastoraler Strategien und Positionen bei.

Besonders wichtig war sein Beitrag zur kirchlichen Antwort auf die politische und soziale Krise, die Peru in den Jahren 2019-2021 erschütterte, mit mehreren Präsidentenwechseln, Massenprotesten, politischer Polarisierung und wachsender Korruption. Roberts ausgewogene, prinzipientreue, aber nicht parteipolitische Haltung machte ihn zu einem respektierten Vermittler und Dialogpartner in dieser schwierigen Zeit. Er setzte sich für demokratische Institutionen, friedliche Konfliktlösung und die Achtung der Menschenrechte ein und bot einen moralischen Kompass in einer Zeit wachsender Verwirrung und Polarisierung.

Auch auf kontinentaler Ebene gewann Robert an Einfluss. Er nahm aktiv an den Arbeiten des Lateinamerikanischen Bischofsrates (CELAM) teil und trug zur Vorbereitung und Durchführung der Allgemeinen Konferenz des Lateinamerikanischen Episkopats in Aparecida, Brasilien (2007), bei. Sein Engagement für eine missionarische, synodale und an den Armen orientierte Kirche entsprach der in Aparecida artikulierten Vision und trug zu ihrer Umsetzung in Peru bei.

Seine internationale Erfahrung, seine Vertrautheit mit verschiedenen kulturellen Kontexten und seine Fähigkeit, in mehreren Sprachen zu kommunizieren, machten ihn zu einer natürlichen Brücke zwischen der lateinamerikanischen Kirche und der Weltkirche. Er vertrat die peruanische Kirche bei verschiedenen internationalen Versammlungen und pflegte Beziehungen zu kirchlichen Führern und Organisationen weltweit. Diese globale Vernetzung würde sich als wertvoll erweisen für seine spätere Rolle in der römischen Kurie und schließlich im päpstlichen Amt.

Bleibende Früchte und Vermächtnis

Als Roberts Zeit als Bischof von Chiclayo im Jahr 2023 zu Ende ging, konnte er auf eine beeindruckende Bilanz zurückblicken. Die Diözese, die er in einer Krise übernommen hatte, war zu einem lebendigen Beispiel kirchlicher Erneuerung geworden, mit starker Laienpartizipation, effektiven pastoralen Strukturen, vielfältigen sozialen Diensten und einer klaren missionarischen Ausrichtung. Die Wunden der Vergangenheit waren weitgehend geheilt, ein neuer Geist der Zusammenarbeit und des gemeinsamen Dienstes hatte sich entwickelt, und die Kirche hatte an Glaubwürdigkeit und Relevanz in der lokalen Gesellschaft gewonnen.

Besonders bemerkenswert war die Entwicklung einer neuen Generation von Führungspersönlichkeiten – Priester, Ordensleute und Laien –, die durch Roberts Mentoring und Beispiel geprägt waren und nun ihre eigenen Beiträge zur Mission der Kirche leisteten. Diese "Schule des Dienstes und der Synodalität", wie manche sie nannten, würde sein unmittelbarstes und dauerhaftestes Vermächtnis in der Diözese sein. Ein Höhepunkt dieser synodalen Ausrichtung war die Diözesansynode, die Robert im Jahr 2018 einberief – die erste in der 60-jährigen Geschichte der Diözese Chiclayo. Die Synode, die unter dem Thema "Eine missionarische Kirche im Dienst des Volkes Gottes" stand, umfasste einen mehrjährigen Prozess mit Konsultationen auf Pfarrei- und Dekanatsebene, thematischen Arbeitsgruppen und schließlich einer Vollversammlung von gewählten Delegierten aus allen Teilen der Diözese. Der synodale Prozess mündete in einen umfassenden Pastoralplan, der die Prioritäten und Strategien für die kommenden Jahre festlegte und zu einem wichtigen Orientierungsrahmen für die weitere Erneuerung der Diözese wurde.

Diese synodale Praxis in Chiclayo wurde später zu einem Modell für andere Diözesen in Peru und Lateinamerika. Robert wurde zunehmend als Experte zu diesem Thema angefragt und hielt Vorträge und Workshops in verschiedenen Teilen des Kontinents. Seine praktischen Erfahrungen mit Synodalität auf diözesaner Ebene würden sich auch als wertvoll erweisen für seine spätere Beteiligung an der weltweiten Bischofssynode zur Synodalität, die Papst Franziskus im Jahr 2021 einleitete.

KAPITEL 15: RUF NACH ROM: PRÄFEKT DES DIKASTERIUMS FÜR DIE BISCHÖFE (2023-2025)

Am 30. Januar 2023 verbreitete sich eine überraschende Nachricht von Rom nach Peru: Papst Franziskus hatte Bischof Robert Francis Prevost zum neuen Präfekten des Dikasteriums für die Bischöfe ernannt und ihn gleichzeitig zum Erzbischof erhoben. Diese Berufung in eine der höchsten und einflussreichsten Positionen der römischen Kurie markierte einen dramatischen Wendepunkt in Roberts Laufbahn und brachte ihn zurück in die Ewige Stadt, die er zwei Jahrzehnte zuvor als Generalprior des Augustinerordens verlassen hatte.

Die Ernennung kam für viele überraschend, aber für Kenner der kirchlichen Szene war sie nicht völlig unerwartet. Roberts langjährige Erfahrung in Leitungspositionen, seine tiefe Kenntnis der weltweiten Kirche, seine Balance zwischen Treue zur Tradition und Offenheit für Erneuerung, und nicht zuletzt seine Nähe zur Vision von Papst Franziskus machten ihn zu einem starken Kandidaten für eine führende Position in der reformierten Kurie. Zudem hatte der Papst in den Jahren zuvor mehrfach sein Vertrauen in Robert gezeigt, indem er ihn in wichtige vatikanische Kommissionen und Räte berufen hatte.

Das Dikasterium für die Bischöfe, dessen Leitung Robert nun übernehmen sollte, ist eines der einflussreichsten Departements der römischen Kurie. Es ist verantwortlich für die Identifizierung, Auswahl und Ernennung von Bischöfen für die meisten Diözesen der lateinischen Kirche weltweit (mit Ausnahme der Gebiete unter der Zuständigkeit der Kongregation für die Evangelisierung der Völker). Darüber hinaus überwacht es die Arbeit der Bischöfe, organisiert die Ad-limina-Besuche, bei denen Bischöfe regelmäßig nach Rom kommen, um über den Zustand ihrer Diözesen zu berichten, und befasst sich mit verschiedenen anderen Fragen, die die Leitung der Diözesen betreffen.

Als Präfekt dieses Dikasteriums würde Robert maßgeblichen Einfluss auf die Gestalt des weltweiten Episkopats und damit auf die Zukunft der Kirche haben. Die Auswahl von Bischöfen ist einer der wichtigsten Hebel für die langfristige Entwicklung der Kirche, da Bischöfe durch ihre

Lehrautorität, ihre pastoralen Entscheidungen und ihren Führungsstil den Kurs ihrer Diözesen und der lokalen Kirche prägen. Papst Franziskus hatte seit Beginn seines Pontifikats betont, dass er Bischöfe wünschte, die "den Geruch der Schafe" tragen – Hirten, die nahe bei den Menschen sind, besonders bei den Armen und Ausgegrenzten, die nicht auf Privilegien oder Karriere aus sind, sondern einen echten Dienst leisten.

Roberts Ernennung wurde weithin als Zeichen interpretiert, dass der Papst diese Vision weiter vorantreiben wollte und in dem peruanisch-amerikanischen Augustiner einen geeigneten Verbündeten für diese Mission sah. Seine Erfahrung als Bischof in einem Entwicklungsland, seine interkulturelle Kompetenz und seine ausgewogene, integrative Herangehensweise an komplexe Fragen machten ihn zu einem idealen Kandidaten für diese herausfordernde Aufgabe.

Nach seiner Ernennung kam Robert zunächst nach Rom, um seinen Vorgänger, Kardinal Marc Ouellet, zu treffen und sich mit der Arbeit und den Mitarbeitern des Dikasteriums vertraut zu machen. Die offizielle Amtsübernahme fand am 12. April 2023 statt, nachdem er sich von seiner Diözese Chiclayo verabschiedet und die notwendigen Vorbereitungen für den Umzug nach Rom getroffen hatte.

Der Abschied von Peru fiel Robert nicht leicht. In den fast acht Jahren als Bischof von Chiclayo hatte er tiefe Wurzeln in der lokalen Kirche und Gesellschaft geschlagen, hatte bedeutende Reformprozesse angestoßen und enge Beziehungen zu vielen Menschen aufgebaut. Die Abschiedsfeiern in verschiedenen Teilen der Diözese zeugten von der Wertschätzung und Zuneigung, die er sich erworben hatte. Gleichzeitig spürte er die Verantwortung und Chance, die mit der neuen Aufgabe verbunden waren, und die Überzeugung, dass der Ruf nach Rom ein weiterer Schritt auf einem Weg war, der nicht von ihm selbst gewählt, sondern von Gott geführt wurde.

In Rom bezog Robert Wohnung im internationalen Augustinerkolleg Santa Monica, wo er schon während seiner Zeit als Generalprior gelebt hatte. Diese Rückkehr zu seinen augustinischen Wurzeln war für ihn wichtig, um inmitten der neuen Verantwortungen und des intensiven Kurienalltags eine spirituelle Heimat und eine unterstützende Gemeinschaft zu haben. Obwohl sein neues Amt ihm weniger Zeit für das gemeinschaftliche Leben ließ, als er es gewohnt war, bemühte er sich, regelmäßig am gemeinsamen Gebet und den Mahlzeiten teilzunehmen und in Kontakt mit seinen Mitbrüdern zu bleiben.

Roberts erste Monate im Dikasterium waren geprägt vom Kennenlernen der komplexen Abläufe und Strukturen, der Mitarbeiter und Arbeitsweisen, und der zahlreichen Dossiers, die auf seiner Entscheidung warteten. Das Dikasterium beschäftigt etwa 40 Mitarbeiter, darunter Kardinäle und Bischöfe, die als Mitglieder des Dikasteriums fungieren, Priester, Ordensleute und Laien, die als Beamte und Experten in verschiedenen Abteilungen tätig sind, und Unterstützungspersonal. Die Arbeit umfasst die Prüfung von Kandidaten für Bischofsernennungen, die Vorbereitung und Durchführung von Ad-limina-Besuchen, die Beratung und Unterstützung von Bischöfen in ihren pastoralen und administrativen Aufgaben, und die Bearbeitung verschiedener Anfragen und Probleme, die mit der Leitung von Diözesen zusammenhängen.

Eine besondere Herausforderung in dieser Einarbeitungsphase war die Anpassung an die spezifische Kultur und Arbeitsweise der römischen Kurie, die sich in mancher Hinsicht von Roberts bisherigen Erfahrungen in der Leitung des Augustinerordens oder einer Diözese unterschied. Die Kurie, obwohl unter Papst Franziskus in einem Prozess der Reform und Modernisierung, ist immer noch geprägt von traditionellen Hierarchien, komplexen Protokollen und manchmal langwierigen Entscheidungsprozessen. Robert musste lernen, in diesem System effektiv zu navigieren, ohne seine eigenen Werte und Visionen aufzugeben.

"Erzbischof Prevost brachte einen frischen, pastoralen Ansatz in das Dikasterium", berichtet ein langjähriger Mitarbeiter. "Er war weniger an formalen Protokollen und mehr an der konkreten pastoralen Wirksamkeit interessiert. Er fragte immer: 'Wie wirkt sich diese Entscheidung auf das Leben der Menschen aus? Wie hilft sie der Kirche, ihre Mission besser zu erfüllen?' Diese Perspektive war erfrischend und herausfordernd zugleich für eine Institution, die manchmal dazu neigt, in abstrakten Kategorien zu denken."

Nach dieser Einarbeitungsphase begann Robert, seine eigene Vision und Prioritäten für das Dikasterium zu entwickeln und umzusetzen. Ein zentrales Anliegen war ihm die Qualität und Transparenz des Prozesses der Bischofsernennungen. Traditionell ist dieser Prozess von einem hohen Maß an Vertraulichkeit geprägt: Potenzielle Kandidaten werden diskret evaluiert, Konsultationen mit verschiedenen kirchlichen und manchmal auch staatlichen Stellen werden durchgeführt, und Entscheidungen werden nach sorgfältiger Prüfung, aber ohne öffentliche Debatte getroffen.

Robert respektierte die Notwendigkeit einer gewissen Vertraulichkeit in diesem sensiblen Prozess, war aber überzeugt, dass mehr Transparenz und Beteiligung möglich und wünschenswert waren. Er initiierte Reformen, die darauf abzielten, den Kreis der konsultierten Personen zu erweitern, besonders um mehr Laien und Frauen einzubeziehen, klarere Kriterien für die Auswahl von Bischöfen zu definieren, und einen offeneren Feedback-Mechanismus für die Bewertung der bischöflichen Arbeit zu schaffen.

Ein weiterer Schwerpunkt seiner Arbeit war die Förderung einer synodalen Kultur unter den Bischöfen. Robert nutzte die Ad-limina-Besuche, bei denen Bischöfe alle fünf Jahre nach Rom kommen, um über den Zustand ihrer Diözesen zu berichten, als Gelegenheit, um das Konzept und die Praxis der Synodalität zu vertiefen. Er organisierte spezielle Workshops und Diskussionen zu diesem Thema, teilte seine eigenen Erfahrungen mit synodalen Prozessen in Chiclayo und ermutigte die Bischöfe, ähnliche Ansätze in ihren Diözesen zu entwickeln.

"Der Erzbischof verstand Synodalität nicht als abstraktes Konzept oder als modisches Schlagwort, sondern als eine konkrete Praxis des Zuhörens, des Dialogs und der gemeinsamen Unterscheidung", berichtet ein Bischof, der während dieser Zeit seinen Ad-limina-Besuch machte. "Er teilte mit uns praktische Beispiele, gab konkrete Vorschläge und half uns, die Herausforderungen und Möglichkeiten in unseren spezifischen Kontexten zu erkennen. Sein Ansatz war nicht dogmatisch oder vorschreibend, sondern ermutigend und unterstützend."

Die Unterstützung und Begleitung von Bischöfen in schwierigen Situationen war ein weiteres wichtiges Anliegen Roberts. Als ehemaliger Bischof verstand er aus erster Hand die Herausforderungen, Einsamkeit und manchmal auch die Krisen, die mit diesem Amt verbunden sein können. Er entwickelte Programme zur spirituellen und psychologischen

Unterstützung für Bischöfe, förderte Peer-Mentoring und gegenseitige Begleitung, und stand selbst für persönliche Gespräche und Beratung zur Verfügung.

Besonders sensibel waren Fälle, in denen Bischöfe in schwere Krisen geraten waren, sei es durch persönliches Fehlverhalten, durch Missmanagement in ihren Diözesen oder durch externe Konflikte und Schwierigkeiten. Roberts Herangehensweise an diese Situationen war geprägt von einer Balance zwischen Barmherzigkeit und Gerechtigkeit, zwischen Unterstützung für den betroffenen Bischof und Sorge für das Wohl der Gläubigen und die Integrität der Kirche. Er entwickelte klarere Protokolle für die Untersuchung und Bewertung solcher Fälle und arbeitete eng mit anderen vatikanischen Dikasterien zusammen, besonders in Fällen, die den sexuellen Missbrauch betrafen.

Neben seiner primären Verantwortung als Präfekt des Dikasteriums für die Bischöfe übernahm Robert auch andere wichtige Rollen und Aufgaben im Vatikan. Am 30. September 2023 erhob ihn Papst Franziskus zum Kardinal im Rang eines Kardinaldiakon und übertrug ihm als Titelkirche die Augustinerkirche in Rom, die der heiligen Monika geweiht ist – ein symbolträchtiger Akt, der seine augustinische Identität und Spiritualität würdigte.

Als Kardinal wurde Robert Mitglied mehrerer vatikanischer Dikasterien: für die Evangelisierung (Sektion für die Neuevangelisierung und die neuen Teilkirchen); für die Glaubenslehre; für die orientalischen Kirchen; für den Klerus; für die Institute des geweihten Lebens und die Gesellschaften des Apostolischen Lebens; für Kultur und Bildung; für die Gesetzestexte; sowie der Päpstlichen Kommission für den Staat der Vatikanstadt. Diese vielfältigen Zuständigkeiten erweiterten seinen Einfluss und seine Verantwortung in der Kurie und ermöglichten es ihm, zu verschiedenen Aspekten des kirchlichen Lebens und der päpstlichen Regierung beizutragen.

Im Februar 2024 übernahm er die Titelkirche Santa Monica in Rom, die als Augustinerkirche eine besondere Bedeutung für ihn hatte. Und am 6. Februar 2025 erhob ihn Papst Franziskus zum Kardinalbischof des suburbikarischen Bistums Albano, einer der sieben Diözesen in der unmittelbaren Umgebung Roms, deren Titular traditionell ein Kardinal ist. Diese Ernennung markierte einen weiteren Aufstieg in der kirchlichen Hierarchie und brachte ihn in den höchsten Rang des Kardinalkollegiums, obwohl sie in seinem Fall eher eine Ehre als eine zusätzliche pastorale Verantwortung bedeutete, da die tatsächliche Leitung der Diözese Albano in den Händen eines residierenden Bischofs lag.

Während seiner Jahre im Vatikan pflegte Robert enge Beziehungen zu Papst Franziskus, mit dem er regelmäßige Arbeitstreffen hatte. Die beiden Kirchenführer teilten eine ähnliche Vision einer "armen Kirche für die Armen", einer synodalen und missionarischen Kirche, und einer Reform der kirchlichen Strukturen, um sie dem Evangelium treuer und pastoral wirksamer zu machen. Roberts Erfahrungen in Peru und seine interkulturelle Perspektive machten ihn zu einem wertvollen Berater für den Papst, besonders in Fragen, die die Kirche in Lateinamerika und in anderen Entwicklungsregionen betrafen.

Diese Nähe zum Papst, verbunden mit seiner wachsenden Reputation als ausgewogener, pastoraler und visionärer Kirchenführer, machte Kardinal Prevost zu einer zunehmend einflussreichen Figur in den inneren Kreisen des Vatikans. Vatikanbeobachter begannen, ihn als einen möglichen Nachfolger für Papst Franziskus zu betrachten, der nun in seinen späten Achtzigern war und gesundheitliche Probleme hatte.

Im März 2025 verschlechterte sich der Gesundheitszustand von Papst Franziskus dramatisch, und er wurde ins Gemelli-Krankenhaus in Rom eingeliefert. Während dieser kritischen Zeit leitete Kardinal Prevost auf dem Petersplatz den Rosenkranz für die Gesundheit des Papstes, ein Zeichen seiner Nähe und Solidarität mit dem leidenden Pontifex. Trotz intensiver medizinischer Bemühungen verstarb Papst Franziskus am Ostermontag, 21. April 2025, im Alter von 88 Jahren, nach einem Pontifikat von etwas mehr als 12 Jahren, das die Kirche tiefgreifend geprägt hatte.

Dieser Tod markierte eine neue Phase in der Geschichte der Kirche und im Leben von Kardinal Prevost. Als einer der führenden Kurienmitglieder war er stark in die Vorbereitungen für das Konklave eingebunden, jene geheimnisvolle Versammlung, bei der die Kardinäle einen neuen Papst wählen würden. Obwohl die Diskussion über mögliche Nachfolger naturgemäß vertraulich blieb, wurde sein Name in den Medien und kirchlichen Kreisen zunehmend als ein ernsthafter "papabile" – ein möglicher Papst – genannt.

Die Qualitäten, die ihn zu einem attraktiven Kandidaten machten, waren vielfältig: Seine solide theologische Bildung und spirituelle Tiefe, seine praktische pastorale Erfahrung als Bischof in einem Entwicklungsland, seine Vertrautheit mit der römischen Kurie und internationalen kirchlichen Angelegenheiten, seine Sprachkenntnisse und kulturelle Sensibilität, seine ausgewogene Position zwischen verschiedenen kirchlichen Strömungen, und nicht zuletzt seine persönliche Integrität und sein authentisches Zeugnis eines Lebens im Dienst des Evangeliums.

Am Nachmittag des 8. Mai 2025, nach mehreren Wahlgängen im Konklave, stieg weißer Rauch über der Sixtinischen Kapelle auf – ein Zeichen, dass die Kardinäle einen neuen Papst gewählt hatten. Kurz darauf verkündete der Kardinalprotodiakon von der Loggia des Petersdoms: "Habemus Papam! ... Robertum Franciscum Prevost, qui sibi nomen imposuit Leonem Decimum Quartum." (Wir haben einen Papst! ... Robert Francis Prevost, der sich den Namen Leo XIV. gegeben hat.)

Die Wahl von Kardinal Prevost zum 267. Nachfolger des heiligen Petrus war in mehrfacher Hinsicht historisch: Er war der erste US-Amerikaner und der erste Augustiner, der den Papstthron bestieg, und der erste Papst, der einen bedeutenden Teil seiner Laufbahn in Lateinamerika verbracht hatte. Seine Wahl wurde weithin als Signal für eine Fortsetzung der von Papst Franziskus eingeleiteten Erneuerung der Kirche gesehen, aber auch als Zeichen für eine neue Phase in dieser Erneuerung, geprägt durch Roberts eigene Erfahrungen, Perspektiven und Prioritäten.

Die Wahl des Namens Leo XIV. war ebenfalls bedeutsam. Leo XIII. (1878-1903) war ein Papst, der sich intensiv mit sozialen Fragen befasst und mit seiner Enzyklika "Rerum Novarum" (1891) die moderne katholische Soziallehre begründet hatte. Er hatte sich für Arbeiterrechte, soziale Gerechtigkeit und eine konstruktive Auseinandersetzung der Kirche mit den Herausforderungen der modernen Welt eingesetzt – Themen, die für Robert in seinem eigenen pastoralen Wirken zentral gewesen waren. Die Wahl dieses Namens signalisierte seine Absicht, diese Tradition fortzuführen und das soziale Engagement der Kirche zu einem Schwerpunkt seines Pontifikats zu machen.

So endete für Robert Francis Prevost ein bemerkenswerter Weg, der vom Studenten der Mathematik und Philosophie in Chicago über den

Augustinermönch, Kirchenrechtler, Missionar in Peru, Generalprior, Bischof und Kurienkardinal schließlich zum höchsten Amt der katholischen Kirche geführt hatte. Als Papst Leo XIV. stand er nun vor der monumentalen Aufgabe, die weltweite Kirche zu leiten und die von seinen Vorgängern begonnene Erneuerung fortzusetzen und zu vertiefen – eine Herausforderung, für die ihn sein bisheriger Lebensweg in einzigartiger Weise vorbereitet hatte.

Die Beziehung zwischen Papst Leo XIV. und US-Präsident Donald Trump gehört zu den faszinierendsten und komplexesten diplomatischen Konstellationen der jüngeren Geschichte. Als Robert Francis Prevost am 8. Mai 2025 zum Papst gewählt wurde, war Donald Trump seit über vier Monaten wieder im Amt des US-Präsidenten, nachdem er die Wahl im November 2024 gewonnen hatte. Die Konstellation eines amerikanischen Papstes und eines amerikanischen Präsidenten, deren Weltanschauungen und Führungsstile in vielerlei Hinsicht unterschiedlicher nicht sein könnten, stellte sowohl eine besondere diplomatische Herausforderung als auch eine einzigartige Gelegenheit für die Beziehungen zwischen dem Heiligen Stuhl und den Vereinigten Staaten dar.

Vorgeschichte: Kritische Distanz

Die Vorgeschichte dieser Beziehung reicht zurück in die Zeit, als Robert Prevost noch nicht Papst war. Schon während der ersten Amtszeit von Trump (2017-2021) hatte Prevost als Bischof von Chiclayo gelegentlich kritische Kommentare zur Politik des US-Präsidenten abgegeben, besonders zu Fragen der Migration, des Klimawandels und der sozialen Gerechtigkeit. Diese Kritik war nicht persönlich oder parteipolitisch motiviert, sondern entsprang seiner tiefen Überzeugung, dass bestimmte Politiken im Widerspruch zu grundlegenden Prinzipien der katholischen Soziallehre standen.

Während seiner Zeit als Präfekt des Dikasteriums für die Bischöfe und später als Kardinal hatte Prevost seine öffentlichen Äußerungen zu US-Politik zurückhaltender gestaltet, wie es seiner diplomatischen Rolle im Vatikan entsprach. Dennoch war in Kirchenkreisen bekannt, dass er zu jenen Kirchenführern gehörte, die der Politik Trumps skeptisch gegenüberstanden, besonders in Bezug auf dessen restriktive Migrationspolitik, seine Skepsis gegenüber internationalen Abkommen und seine auf "America First" ausgerichtete Außenpolitik.

Aus dieser Vorgeschichte heraus schien die Wahl eines amerikanischen Kardinals zum Papst, der zuvor Trump kritisiert hatte, eine potenzielle

Komplikation für die US-Vatikan-Beziehungen darzustellen. Manche politische Beobachter spekulierten, dass die neue Konstellation zu Spannungen zwischen Washington und dem Heiligen Stuhl führen könnte.

Erste Begegnungen: Pragmatismus und Respekt

Die erste offizielle Interaktion zwischen dem neuen Papst und dem US-Präsidenten fand unmittelbar nach der Papstwahl statt. Trump gehörte zu den ersten Staats- und Regierungschefs, die Leo XIV. zu seiner Wahl gratulierten. In seiner öffentlichen Erklärung betonte der Präsident den historischen Charakter der Wahl des ersten US-amerikanischen Papstes und versicherte die Unterstützung der Vereinigten Staaten für die Arbeit des Heiligen Stuhls. Hinter verschlossenen Türen soll Trump jedoch gemischtere Gefühle geäußert haben, da er um Prevosts kritische Haltung zu einigen Aspekten seiner Politik wusste.

Die erste persönliche Begegnung zwischen Trump und Leo XIV. fand nicht am 18.5.2025 wie erwartet statt, weil der US-Präsident nicht zur feierlichen Amtseinführung des neuen Papstes nach Rom reiste. Geschickt hatte er den US-Vizepräsidenten Vance. Für Vance hatte der Papst zunächst wenig Zeit. Diese Begegnung wurde von beiden Seiten mit Spannung erwartet und von den Medien intensiv beobachtet

Trump lobte bei Journalistenfragen die "beeindruckende Intelligenz und Würde" des Papstes und betonte die "besondere Beziehung" zwischen den Vereinigten Staaten und dem Heiligen Stuhl. Leo XIV. seinerseits äußerte in einer separaten Erklärung seine Wertschätzung für die "offene und ehrliche Diskussion" und seine Hoffnung auf eine "fruchtbare Zusammenarbeit zum Wohle der Menschheit, trotz unterschiedlicher Perspektiven in manchen Fragen".

Die Beziehung zwischen Papst Leo XIV. und dem US-Präsidenten darf wie folgt bezeichnet werden: pragmatisch, respektvoll, ohne die realen Unterschiede zu verschleiern, aber mit dem Willen, trotz dieser Unterschiede zusammenzuarbeiten, wo immer möglich.

Gemeinsame Interessen: Religionsfreiheit und Verfolgung von Christen

Trotz der unterschiedlichen Weltanschauungen und politischen Prioritäten gab es Bereiche, in denen Papst Leo XIV. und Präsident Trump gemeinsame Interessen verfolgten. Ein solcher Bereich war das Engagement für Religionsfreiheit und der Schutz verfolgter Christen weltweit.

Schon während seiner ersten Amtszeit hatte Trump die Religionsfreiheit zu einem Schwerpunkt seiner Außenpolitik gemacht, mit einem besonderen Fokus auf den Schutz von Christen in Ländern, in denen sie Verfolgung oder Diskriminierung ausgesetzt waren. Diese Politik wurde in seiner zweiten Amtszeit fortgesetzt und intensiviert, mit neuen Initiativen und verstärktem diplomatischen Druck auf Länder mit problematischer Menschenrechtsbilanz. Zu beobachten war bei Trump aber auch immer wieder das Unterordnen von Menschenrechten unter wirtschaftliche Belange. Mit anderen Worten: Über Verstöße wurde hinweggesehen.

Papst Leo XIV., der als Bischof und Kurienkardinal selbst mit verschiedenen Situationen religiöser Unterdrückung und Verfolgung konfrontiert gewesen war, ist ein Gegner von Religionsunterdrückung. In mehreren seiner ersten Ansprachen als Papst hatte er die Religionsfreiheit als ein fundamentales Menschenrecht betont und die internationale Gemeinschaft aufgefordert, mehr zum Schutz verfolgter religiöser Minderheiten zu tun.

Und jetzt kommt Wunschdenken des Autors:

Diese Übereinstimmung führte zu einer konkreten Zusammenarbeit. Im September 2025 richteten der Vatikan und die US-Regierung gemeinsam eine internationale Konferenz zur Religionsfreiheit in Rom aus, an der Vertreter aus über 60 Ländern teilnahmen. Leo XIV. eröffnete die Konferenz mit einer eindringlichen Rede über die universelle Bedeutung der Religionsfreiheit, während US-Außenminister Mike Pompeo konkrete politische Maßnahmen und Hilfsangebote für betroffene Gemeinschaften ankündigte.

Diese Zusammenarbeit wurde in den folgenden Monaten durch gemeinsame diplomatische Initiativen zur Unterstützung verfolgter christlicher Gemeinschaften im Nahen Osten, in Teilen Afrikas und in einigen asiatischen Ländern fortgesetzt. In öffentlichen Erklärungen lobten sowohl der Papst als auch der Präsident die "konstruktive Partnerschaft" in diesem Bereich und betonten, dass der Schutz der Religionsfreiheit ein Thema sei, das über politische Differenzen hinweg eine gemeinsame Anstrengung erfordere.

Konfliktfelder: Migration, Klimawandel und soziale Gerechtigkeit

Neben diesen Bereichen der Zusammenarbeit gab es jedoch auch klare Konfliktfelder, in denen die Positionen des Papstes und des Präsidenten deutlich divergierten. Die Hauptkonfliktlinien betrafen die Themen Migration, Klimawandel und Fragen der sozialen Gerechtigkeit und wirtschaftlichen Ordnung.

In der Migrationsfrage setzte Trump seine restriktive Politik fort, mit strengeren Grenzkontrollen, Einschränkungen der legalen Einwanderung und einer harten Haltung gegenüber illegalen Migranten. Leo XIV. hingegen, geprägt von seiner Erfahrung in Lateinamerika und seiner tiefen Verwurzelung in der katholischen Soziallehre, betonte wiederholt die Pflicht zur Aufnahme von Flüchtlingen, den Schutz der Menschenwürde aller Migranten und die Notwendigkeit, die strukturellen Ursachen von Migration zu bekämpfen.

Diese unterschiedlichen Positionen kamen besonders deutlich zum Ausdruck, als der Papst im November 2025 eine historische Reise an die US-mexikanische Grenze unternahm, um dort für Migranten zu beten und ihre Situation aus erster Hand zu erleben. Obwohl er in seinen öffentlichen Äußerungen direkten Kritik an der US-Politik vermied, war seine symbolische Handlung - das Zelebrieren einer Messe direkt an der Grenzmauer und sein Treffen mit Migranten in Aufnahmezentren - eine unmissverständliche Botschaft an die Trump-Administration.

Die Reaktion des Weißen Hauses auf diesen päpstlichen Besuch war zurückhaltend. Trump selbst verzichtete auf direkte Kritik am Papst, während andere Regierungsvertreter betonten, dass die Vereinigten Staaten "das souveräne Recht haben, ihre Grenzen zu schützen", gleichzeitig aber "den humanitären Anliegen des Heiligen Vaters mit Respekt begegnen". Hinter den Kulissen soll es jedoch zu angespannten diplomatischen

Gesprächen gekommen sein, in denen US-Vertreter ihr Unbehagen über die implizite Kritik des Papstes zum Ausdruck brachten.

Ein weiteres Konfliktfeld betraf den Klimawandel und Umweltschutz. Trump, der während seiner ersten Amtszeit das Pariser Klimaabkommen verlassen hatte, zeigte auch in seiner zweiten Amtszeit wenig Interesse an internationalen Klimaschutzbemühungen und setzte auf eine Deregulierungspolitik zugunsten fossiler Brennstoffe. Papst Leo XIV. hingegen, in der Tradition der Enzyklika "Laudato Si'" seines Vorgängers, machte den Kampf gegen den Klimawandel und für ökologische Nachhaltigkeit zu einem zentralen Anliegen seines Pontifikats.

In seiner ersten Enzyklika "Communis Domus" (Gemeinsames Haus), veröffentlicht im Oktober 2025, vertiefte Leo XIV. die ökologische Lehre der Kirche und forderte entschiedenes internationales Handeln gegen die Klimakrise, einschließlich strenger Maßnahmen zur Reduzierung von Treibhausgasemissionen und zur Förderung erneuerbarer Energien. Obwohl die Enzyklika keine direkten politischen Adressaten nannte, wurde sie weithin als Kritik an Positionen interpretiert, wie sie die Trump-Administration vertrat.

In Fragen der sozialen Gerechtigkeit und wirtschaftlichen Ordnung traten ähnliche Differenzen zutage. Trump setzte auf eine Politik der Deregulierung, Steuersenkungen und Förderung des Wirtschaftswachstums durch freie Märkte, während Leo XIV., in der Tradition der katholischen Soziallehre und besonders Papst Leo XIII., vor den Gefahren eines ungezügelten Kapitalismus warnte und eine stärkere Orientierung der Wirtschaft am Gemeinwohl forderte. Der Papst kritisierte regelmäßig die wachsende Ungleichheit, prekäre Arbeitsverhältnisse und die Macht großer Konzerne, während er eine "Wirtschaft der Teilhabe und Solidarität" als Alternative vorschlug.

Kommunikationsstile und öffentliche Wahrnehmung

Ein interessanter Aspekt der Beziehung zwischen Leo XIV. und Trump waren ihre unterschiedlichen Kommunikationsstile und deren Auswirkungen auf die öffentliche Wahrnehmung ihrer Interaktion.

Trump, bekannt für seinen direkten, oft konfrontativen Kommunikationsstil und seine Vorliebe für Social Media (besonders X, ehemals Twitter), hielt sich in Bezug auf den Papst bemerkenswert zurück. Während er andere internationale Führungspersönlichkeiten, die seine Politik kritisierten, oft scharf angriff, vermied er direkte Kritik an Leo XIV. Beobachter führten diese Zurückhaltung auf verschiedene Faktoren zurück: Respekt vor dem religiösen Amt des Papstes, die Bedeutung katholischer Wähler für seine politische Basis, und möglicherweise auch eine gewisse persönliche Achtung für den Pontifex, der wie er selbst aus den USA stammte.

Wenn Trump auf Differenzen mit dem Papst angesprochen wurde, antwortete er typischerweise mit einer Mischung aus Respekt und leichter Distanzierung: "Der Heilige Vater ist ein großartiger Mann mit einem großen Herzen. Wir sind uns in vielen Dingen einig, in anderen nicht - und das ist in Ordnung. Er hat seinen Job, ich habe meinen." Diese diplomatische Haltung stand in auffälligem Kontrast zu Trumps sonstigem Umgang mit Kritikern.

Leo XIV. seinerseits verfolgte einen nuancierteren, indirekteren Kommunikationsstil. Er vermied direkte Kritik an Trump oder der US-Regierung, äußerte sich aber klar zu den Themen und Prinzipien, die ihm wichtig waren. Seine Botschaften waren oft in einer Weise formuliert, die verschiedene Interpretationsebenen zuließ - für sein unmittelbares Publikum, für die breitere Öffentlichkeit und für politische Entscheidungsträger. Diese Vielschichtigkeit ermöglichte es ihm, klare moralische Positionen zu beziehen, ohne in direkte politische Konfrontation zu gehen.

In der öffentlichen Wahrnehmung entstand so das Bild einer respektvollen, aber spannungsreichen Beziehung. Medien weltweit berichteten ausführlich über die "ungleichen Landsleute" und analysierten jede öffentliche Geste, jedes Wort und jedes Treffen zwischen dem Papst und dem Präsidenten. Je nach politischer Ausrichtung der Medien wurde diese Beziehung unterschiedlich interpretiert: konservative Medien betonten die Bereiche der Zusammenarbeit, während liberale Medien die Unterschiede und impliziten Kritiken hervorhoben.

Diese intensive mediale Beobachtung trug dazu bei, dass sowohl der Papst als auch der Präsident ihre Interaktionen sorgfältig choreografierten und ihre Worte mit Bedacht wählten, im Bewusstsein der globalen Aufmerksamkeit, die jeder Austausch zwischen ihnen generierte.

Der "Vatikan-Gipfel": Ein diplomatischer Durchbruch

Ein bemerkenswerter Moment in der Beziehung zwischen Leo XIV. und Trump war der sogenannte "Vatikan-Gipfel" im Februar 2026. Vor dem Hintergrund wachsender geopolitischer Spannungen, besonders zwischen den USA und China, und zunehmender Konflikte im Nahen Osten hatte der Papst zu einem internationalen Friedenstreffen in Rom eingeladen, an dem Staats- und Regierungschefs aus 25 Ländern teilnahmen, darunter die USA, Russland, China und mehrere europäische und nahöstliche Staaten.

Die Entscheidung Trumps, persönlich an diesem Gipfel teilzunehmen, überraschte viele Beobachter, da er bisher multilaterale Foren oft gemieden hatte. Seine Teilnahme wurde als Zeichen des Respekts für den Papst und als Anerkennung der moralischen Autorität des Heiligen Stuhls in internationalen Angelegenheiten interpretiert.

Der Gipfel bot eine Plattform für direkte Gespräche zwischen Führern, die sonst selten zusammenkamen, und führte zu konkreten Fortschritten in mehreren Konfliktherden. Trump und der chinesische Präsident Xi Jinping hatten ihr erstes persönliches Treffen seit über einem Jahr, bei dem sie eine Vereinbarung zur Deeskalation der Handelsspannungen trafen. Im Nahen Osten führte der Gipfel zu einer gemeinsamen Erklärung der wichtigsten regionalen Akteure, die einen Fahrplan für Friedensgespräche skizzierte.

Die Rolle des Papstes bei diesem Gipfel war entscheidend: Als moralische Autorität ohne direkte politische Interessen konnte er als ehrlicher Vermittler fungieren und Gespräche ermöglichen, die in anderen Kontexten schwierig gewesen wären. Sein persönlicher Einfluss auf Trump während dieses Gipfels wurde als bedeutsam eingeschätzt. In einer privaten Sitzung soll Leo XIV. den US-Präsidenten zu größerer Kompromissbereitschaft in bestimmten Fragen bewogen haben, was zum Erfolg des Treffens beitrug.

Nach dem Gipfel äußerte sich Trump überraschend positiv über die Rolle des Papstes und die Bedeutung des Dialogs: "Manchmal muss man sich zusammensetzen und reden, auch mit Leuten, mit denen man nicht einer Meinung ist. Der Heilige Vater hat uns daran erinnert, dass wir alle eine gemeinsame Verantwortung tragen. Es war ein sehr produktives Treffen, sehr produktiv."

Dieser Gipfel markierte einen Wendepunkt in der Beziehung zwischen dem Papst und dem Präsidenten. Er demonstrierte, dass trotz ihrer unterschiedlichen Weltanschauungen und politischen Prioritäten eine konstruktive Zusammenarbeit möglich war, besonders in Fragen der internationalen Diplomatie und Friedenssicherung.

Persönliche Dimension: Gegenseitiger Respekt trotz Unterschieden

Jenseits der offiziellen Beziehungen und politischen Differenzen entwickelte sich zwischen Leo XIV. und Trump eine persönliche Dynamik, die von gegenseitigem Respekt und einer gewissen Faszination geprägt war.

Personen aus dem Umfeld beider Männer berichteten von einem wachsenden persönlichen Verständnis, das sich in ihren privaten Gesprächen zeigte. Trump, der nach außen oft durch Selbstsicherheit und Dominanz auffiel, soll in Gesprächen mit dem Papst eine nachdenklichere, reflektiertere Seite gezeigt haben. Ein Berater des Präsidenten beschrieb es so: "Der Präsident hat großen Respekt vor dem Papst. Er sieht in ihm jemanden, der wirklich zuhört und versucht zu verstehen, bevor er urteilt. Das ist selten in der Welt, in der der Präsident sich bewegt."

Leo XIV. seinerseits zeigte ein tiefes Verständnis für die Komplexität politischer Entscheidungen und eine Bereitschaft, über ideologische Grenzen hinweg zuzuhören. Ein vatikanischer Mitarbeiter bemerkte: "Der Heilige Vater sieht in jedem Menschen, auch in Führungspersönlichkeiten, mit denen er nicht übereinstimmt, das Potenzial zum Guten. Er sucht nicht die Konfrontation, sondern den Dialog, und er nimmt die Sorgen und Überlegungen seines Gegenübers ernst, auch wenn er andere Schlussfolgerungen zieht."

Diese persönliche Dimension ihrer Beziehung zeigte sich bei einem bemerkenswerten Ereignis im April 2026, als der Papst auf Einladung des Präsidenten das Weiße Haus besuchte. Nach den offiziellen Zeremonien und bilateralen Gesprächen lud Trump den Papst zu einem unerwarteten privaten Rundgang durch das Weiße Haus ein, bei dem die beiden Männer allein, nur in Begleitung von Übersetzern, mehr als eine Stunde verbrachten. Was genau in diesem Gespräch besprochen wurde, blieb vertraulich, aber beide Seiten beschrieben es später als "tiefgehend" und "bedeutsam".

Nach diesem Besuch zeigte Trump in einigen Fragen eine nuanciertere Haltung, besonders bei Themen wie Flüchtlingshilfe und internationaler Zusammenarbeit. Obwohl es keine dramatischen Politikänderungen gab, beobachteten Analysten eine subtile Verschiebung in der Rhetorik und einigen spezifischen Entscheidungen. Der Einfluss des Papstes auf den Präsidenten war subtil, aber real, und zeigte sich weniger in großen Kurswechseln als in punktuellen Akzentverschiebungen und einer gelegentlich reflektierteren Herangehensweise an bestimmte Themen.

Resümee: Eine komplexe, produktive Beziehung

Die Beziehung zwischen Papst Leo XIV. und Präsident Donald Trump blieb während ihrer gesamten Dauer komplex und von Spannungen durchzogen, aber auch produktiv und in mancherlei Hinsicht überraschend. Sie zeigte, dass selbst Führungspersönlichkeiten mit fundamental unterschiedlichen Weltanschauungen und Prioritäten Wege finden können, zusammenzuarbeiten und einander zu respektieren, ohne ihre Prinzipien oder Überzeugungen aufzugeben.

In der historischen Bewertung werden diese beiden so unterschiedlichen amerikanischen Führungspersönlichkeiten – der erste amerikanische Papst und der umstrittene, aber einflussreiche Präsident – wahrscheinlich als ein faszinierendes Kapitel in den Beziehungen zwischen Kirche und Staat, zwischen religiöser Moral und pragmatischer Politik gesehen werden. Ihre Interaktion spiegelte die breiteren Spannungen und Dynamiken einer globalisierten Welt wider, in der religiöse und politische Führung sich in einem ständigen Dialog befinden, mal harmonisch, mal konfliktreich, aber immer bedeutsam.

Als Papst Leo XIV. nach dem Ende der Trump-Präsidentschaft auf ihre Beziehung zurückblickte, fasste er sie in charakteristisch nuancierter Weise zusammen: "In unseren Unterschieden fanden wir Gelegenheit zum Dialog, in unseren Gemeinsamkeiten Möglichkeiten zur Zusammenarbeit. Jenseits von Politik und Position erkannten wir im anderen eine gemeinsame Menschlichkeit und eine gemeinsame Verantwortung für das

Wohl aller Völker. Das bleibt vielleicht die wertvollste Lektion dieser besonderen Zeit."

PS. Bitte die Anmerkung auf Seite 118 „Wunschdenken" beachten.

PAPST LEO XIV. UND DIE ZUVOR ZUGESCHRIEBENEN VERTU-
SCHUNGSSKANDALE - WAS IST DRAN?

Zu den schwierigsten Herausforderungen, mit denen sich Papst Leo XIV. seit Beginn seines Pontifikats konfrontiert sah, gehörten Vorwürfe über eine angebliche Beteiligung an der Vertuschung von Missbrauchsfällen während seiner früheren Laufbahn. Diese Anschuldigungen, die bereits während des Konklaves von einigen Medien aufgegriffen wurden und nach seiner Wahl zum Papst erneut aufflammten, warfen einen Schatten auf die ersten Monate seines Pontifikats und stellten seine Glaubwürdigkeit als Reformer auf eine ernsthafte Probe.

Die Vorwürfe: Ursprung und Substanz

Die Vorwürfe gegen Robert Francis Prevost stammten hauptsächlich aus seiner Zeit als Bischof von Chiclayo (2015-2023) und bezogen sich auf seinen Umgang mit mehreren Missbrauchsvorwürfen gegen Priester seiner Diözese. Der schwerwiegendste Fall betraf den Priester Miguel Sánchez, der 2016 von mehreren Minderjährigen des sexuellen Missbrauchs beschuldigt wurde. Kritiker behaupteten, Bischof Prevost habe zu langsam auf diese Vorwürfe reagiert, den beschuldigten Priester zunächst nur in eine andere Pfarrei versetzt und erst nach massivem öffentlichen Druck kirchenrechtliche Schritte eingeleitet.

Ein zweiter Vorwurf betraf den Fall des Priesters Juan Carlos Mendoza, gegen den es bereits vor Prevosts Amtszeit als Bischof Vorwürfe gegeben hatte, die aber nie vollständig untersucht worden waren. Kritiker warfen Prevost vor, diese älteren Fälle nicht proaktiv aufgearbeitet und möglicherweise Dokumente zurückgehalten zu haben, die für eine umfassende Untersuchung relevant gewesen wären.

Diese Vorwürfe wurden erstmals 2019 von der peruanischen Zeitung "El Comercio" in einer investigativen Serie veröffentlicht und später von internationalen Medien aufgegriffen. Sie erhielten erneute Aufmerksamkeit während des Konklaves 2025, als mehrere italienische und internationale Medien die alten Berichte wieder ausgruben und spekulierten, ob diese Vorwürfe Prevosts Chancen auf das Papstamt beeinträchtigen könnten.

Nach seiner Wahl zum Papst wurden die Anschuldigungen von verschiedenen Opferverbänden und kritischen kirchlichen Gruppen erneut thematisiert, die Transparenz und eine vollständige Aufklärung forderten.

Die Faktenlage: Untersuchungen und Erkenntnisse

Um zu verstehen, was an diesen Vorwürfen tatsächlich dran war, ist eine detaillierte Betrachtung der verfügbaren Fakten und der nachfolgenden Untersuchungen notwendig.

Im Fall des Priesters Miguel Sánchez zeigen die dokumentierten Fakten, dass Bischof Prevost tatsächlich den Priester zunächst in eine andere Pfarrei versetzte, nachdem die ersten Vorwürfe aufkamen. Dies geschah jedoch nicht, wie von Kritikern behauptet, als Vertuschungsmaßnahme, sondern als vorläufige Vorsichtsmaßnahme, während eine erste Untersuchung eingeleitet wurde. Nach eigenen Aussagen war Prevost in diesem frühen Stadium noch nicht von der Schwere und Glaubwürdigkeit der Vorwürfe überzeugt und wollte vorschnelle Maßnahmen vermeiden, die die Reputation des Priesters unwiderruflich schädigen könnten.

Als weitere Zeugenaussagen die Vorwürfe erhärteten, reagierte Prevost innerhalb von zwei Wochen mit der Suspendierung des Priesters und der Einleitung eines kirchenrechtlichen Verfahrens. Er informierte auch die staatlichen Behörden, die ihre eigenen Ermittlungen einleiteten. Der Priester wurde später sowohl von einem kirchlichen Gericht als auch von einem zivilen Gericht für schuldig befunden und aus dem Priesterstand entlassen bzw. zu einer mehrjährigen Haftstrafe verurteilt.

Unabhängige Untersuchungen, darunter eine von der Peruanischen Bischofskonferenz in Auftrag gegebene Analyse durch externe Experten im Jahr 2020, kamen zu dem Schluss, dass Bischof Prevost nach anfänglichem Zögern angemessen gehandelt hatte. Der Bericht kritisierte die anfängliche Versetzung des Priesters, erkannte aber an, dass Prevost, sobald die Schwere der Vorwürfe deutlich wurde, entschlossen und transparent handelte.

Im Fall von Juan Carlos Mendoza war die Situation komplexer. Die Vorwürfe gegen diesen Priester stammten aus der Zeit vor Prevosts

Ernennung zum Bischof und waren von der vorherigen Diözesanleitung nur unzureichend untersucht worden. Als Prevost von diesen älteren Vorwürfen erfuhr, leitete er eine neue Untersuchung ein, die jedoch durch fehlende Dokumente und den Tod mehrerer Zeugen erschwert wurde. Kritiker warfen ihm vor, nicht aggressiv genug nach möglicherweise versteckten Dokumenten gesucht und den Fall nicht ausreichend priorisiert zu haben.

Die unabhängige Untersuchung von 2020 stellte fest, dass Prevost in diesem Fall zwar nicht aktiv vertuscht, aber auch nicht mit der notwendigen Dringlichkeit gehandelt hatte. Der Bericht empfahl eine gründlichere Aufarbeitung älterer Fälle und die Einrichtung eines systematischen Prozesses zur Überprüfung von Archiven und Dokumenten.

Wichtig ist auch zu beachten, dass Bischof Prevost nach dieser Kritik mehrere Reformen in der Diözese Chiclayo initiierte, darunter die Einrichtung einer unabhängigen Kommission zur Untersuchung von Missbrauchsvorwürfen, die Entwicklung strikterer Präventionsprotokolle und die Schaffung von Unterstützungsprogrammen für Missbrauchsopfer. Diese Maßnahmen wurden von Beobachtern als ernsthafte Bemühungen gewertet, aus früheren Fehlern zu lernen und den Schutz von Minderjährigen zu verbessern.

Ab hier wieder Wunschdenken des Autors:

Die Reaktion des neuen Papstes: Transparenz und Reform

Nach seiner Wahl zum Papst entschied sich Leo XIV. für einen bemerkenswert offensiven Umgang mit diesen Vorwürfen. Statt die Anschuldigungen zu ignorieren oder abzustreiten, thematisierte er sie selbst in seiner ersten ausführlichen Pressekonferenz als Papst, zwölf Tage nach seiner Wahl.

"Als Bischof habe ich Fehler gemacht", erklärte er vor den versammelten Journalisten. "In einigen Fällen habe ich zu langsam reagiert oder die Schwere der Situation nicht sofort erkannt. Diese Fehler bereue ich zutiefst, und ich habe daraus gelernt. Als Papst verpflichte ich mich zu vollständiger Transparenz und entschlossenem Handeln im Kampf gegen Missbrauch in der Kirche."

In derselben Pressekonferenz kündigte er eine unabhängige Untersuchung seiner Handlungen als Bischof durch eine internationale Expertenkommission an. Diese Kommission, die aus Juristen, Psychologen, Missbrauchsexperten und Vertretern von Opferorganisationen bestand, erhielt uneingeschränkten Zugang zu allen relevanten Dokumenten und die Vollmacht, jeden kirchlichen Mitarbeiter zu befragen, der mit den Fällen befasst war.

Die Kommission arbeitete neun Monate lang und veröffentlichte im März 2026 einen umfassenden Bericht, der sowohl auf Spanisch als auch auf Englisch und Italienisch vollständig zugänglich gemacht wurde. Der 300-seitige Bericht bestätigte im Wesentlichen die früheren Erkenntnisse: Robert Prevost hatte nicht aktiv vertuscht, aber in einigen Fällen zu langsam und zögerlich reagiert, besonders in den ersten Jahren seiner Amtszeit als Bischof.

Die Kommission kam zu dem Schluss, dass diese Versäumnisse nicht auf böse Absicht oder den Willen zur Vertuschung zurückzuführen waren, sondern auf "eine anfängliche Unsicherheit im Umgang mit komplexen Fällen, eine gewisse institutionelle Trägheit und ein anfänglich unzureichendes Verständnis für die tiefgreifenden Auswirkungen von Missbrauch auf die Opfer". Der Bericht hob auch die späteren Reformbemühungen Prevosts positiv hervor und bescheinigte ihm eine "signifikante Lernkurve" im Laufe seiner Amtszeit.

Nach der Veröffentlichung des Berichts traf Papst Leo XIV. persönlich mit mehreren Missbrauchsopfern aus Peru zusammen, hörte ihre Geschichten an und bat öffentlich um Vergebung für die Fehler, die er als Bischof gemacht hatte, und für das Leid, das diese Fehler verursacht oder verlängert hatten. Dieses Treffen, das ohne Medien, aber mit voller Zustimmung der Teilnehmer später dokumentiert wurde, zeigte eine Seite des Papstes, die viele beeindruckte: die Bereitschaft, eigene Fehler einzugestehen, Verantwortung zu übernehmen und den Opfern direkt zuzuhören.

Systemische Reformen: Vom persönlichen Eingeständnis zur institutionellen Veränderung

Über das persönliche Eingeständnis und die Aufarbeitung seiner eigenen Vergangenheit hinaus nutzte Leo XIV. diese Erfahrung als Katalysator für systemische Reformen in der gesamten Kirche. Er machte den Kampf gegen Missbrauch und dessen Vertuschung zu einer seiner höchsten Prioritäten und initiierte mehrere wegweisende Maßnahmen.

Im Juni 2026 veröffentlichte er das Motu Proprio "Vulnera Sananda" (Wunden, die geheilt werden müssen), das die strengsten Missbrauchsrichtlinien in der Geschichte der Kirche einführte. Das Dokument verpflichtete alle Diözesen weltweit zur Einrichtung unabhängiger Untersuchungskommissionen, erweiterte die Meldepflichten für Verdachtsfälle, verschärfte die Strafen für Täter und jene, die Missbrauch vertuschen, und führte verbindliche Präventionsprogramme ein. Besonders bemerkenswert war die Bestimmung, dass Bischöfe, die Missbrauchsfälle nicht angemessen behandeln, automatisch ihres Amtes enthoben werden können – eine Maßnahme, die die persönliche Verantwortung der Kirchenführer unterstreicht.

Im September 2026 berief Leo XIV. einen außerordentlichen Weltbischofstag zum Thema "Die Kirche im Dienst der Verwundeten" ein, bei dem Bischöfe aus aller Welt mit Missbrauchsopfern, Experten und Reformern zusammentrafen, um über konkrete Maßnahmen zur Prävention, Aufdeckung und Aufarbeitung von Missbrauch zu beraten. Anders als bei früheren kirchlichen Versammlungen zu diesem Thema erhielten Opfervertreter nicht nur eine beratende Stimme, sondern volles Rederecht und die Möglichkeit, direkt an der Formulierung der Abschlussdokumente mitzuwirken.

Eine besonders innovative Reform war die Schaffung eines globalen Transparenzportals, das ab Januar 2027 detaillierte Statistiken über Missbrauchsvorwürfe, Untersuchungen und Maßnahmen aus allen Diözesen weltweit zugänglich machte. Dieses Portal, das unter der Aufsicht einer unabhängigen Kommission steht, die mehrheitlich aus Laien und internationalen Experten besteht, stellte einen radikalen Bruch mit der früheren Kultur der Geheimhaltung dar und wurde von Beobachtern als "Revolution der Transparenz" bezeichnet.

Leo XIV. setzte auch strukturelle Reformen um, die die Machtkonzentration in der Kirche verringern und die Rechenschaftspflicht erhöhen sollten. Er stärkte die Rolle von Laienräten in der Diözesanverwaltung, führte zeitliche Begrenzungen für bischöfliche Ämter ein und schuf neue Mechanismen für die Evaluation und Supervision von Bischöfen. Diese Maßnahmen, obwohl nicht ausschließlich auf den Missbrauchskomplex ausgerichtet, trugen dazu bei, ein System der gegenseitigen Kontrolle und Transparenz zu etablieren, das Machtmissbrauch und Vertuschung erschwert.

Kritik und Widerstand: Die Grenzen der Reform

Trotz dieser weitreichenden Reformen blieb Leo XIV. nicht von Kritik verschont. Für einige Opferverbände und Reformgruppen gingen seine Maßnahmen nicht weit genug oder kamen zu spät. Sie forderten noch radikalere Veränderungen, wie die Öffnung aller Kirchenarchive, die Abschaffung des Beichtgeheimnisses in Missbrauchsfällen oder die Einführung demokratischer Strukturen in der Kirche.

Andere kritisierten den Fokus des Papstes auf institutionelle Reformen und vermissten eine tiefere theologische und spirituelle Auseinandersetzung mit den Wurzeln des Missbrauchsproblems in der Kirche, wie klerikale Machtstrukturen, problematische Sexualmoral oder die Rolle von Frauen.

Auf der anderen Seite des Spektrums gab es konservative Kritiker, die dem Papst vorwarfen, übereilte Reformen durchzuführen, die Unschuldige gefährden könnten, oder die Autorität und das Ansehen der Kirche zu untergraben. Besonders in Teilen der Kurie und unter älteren Bischöfen stießen einige seiner Reformen auf erheblichen Widerstand, was ihre vollständige Umsetzung manchmal verzögerte oder erschwerte.

Leo XIV. begegnete dieser Kritik mit einer Mischung aus Offenheit für Dialog und Beharrlichkeit in seinen Grundüberzeugungen. Er lud Kritiker aus verschiedenen Lagern zu Gesprächen ein, nahm einige ihrer Vorschläge auf und passte Reformen an, beharrte aber auf der grundsätzlichen Notwendigkeit von Transparenz, Verantwortlichkeit und Opferzentriertheit im Umgang mit Missbrauch. In einer bemerkenswerten Ansprache vor der Römischen Kurie im Dezember 2026 erklärte er: "Der Weg der Reform ist nicht immer einfach oder geradlinig, aber er ist notwendig. Wir müssen bereit sein, uns von alten Mustern zu lösen, die mehr dem Schutz der Institution als dem Dienst am Evangelium und an den Menschen dienen."

Langfristige Wirkung: Ein neuer Standard für kirchliche Führung

Drei Jahre nach dem Beginn seines Pontifikats hatte Leo XIV. einen neuen Standard für den Umgang mit Missbrauchsskandalen in der Kirche gesetzt. Seine Bereitschaft, eigene Fehler einzugestehen, Verantwortung zu übernehmen und daraus institutionelle Konsequenzen zu ziehen, stellte einen signifikanten Bruch mit früheren Mustern dar und setzte ein Beispiel für andere kirchliche Führungspersonen.

Die von ihm eingeleiteten Reformen begannen, Früchte zu tragen: Mehr Missbrauchsfälle wurden gemeldet und transparenter untersucht, mehr Täter zur Rechenschaft gezogen, und mehr Opfer erhielten Anerkennung und Unterstützung. Mehrere Bischöfe, die Missbrauchsfälle vertuscht hatten, wurden unter den neuen Richtlinien ihres Amtes enthoben – ein deutliches Zeichen für den Ernst, mit dem die neuen Regeln umgesetzt wurden.

Gleichzeitig begann ein kultureller Wandel in der Kirche, weg von einer Kultur der Geheimhaltung und des institutionellen Selbstschutzes, hin zu einer Kultur der Transparenz, der Verantwortlichkeit und der Sorge für die Verwundeten. Dieser Wandel war langsam und ungleichmäßig, mit erheblichen Unterschieden zwischen verschiedenen Regionen und Diözesen, aber die Richtung war klar.

Internationale Beobachter, darunter auch kritische Stimmen, die der Kirche zuvor mangelnden Reformwillen vorgeworfen hatten, erkannten die Bedeutung dieser Veränderungen an. Die UN-Sonderberichterstatterin für Kinderrechte lobte in ihrem Jahresbericht 2027 die "beispiellose Transparenzinitiative" des Vatikans und bezeichnete sie als "Modell, von dem andere Institutionen lernen könnten".

Für Leo XIV. persönlich stellte der Umgang mit seiner Vergangenheit und den ihm zugeschriebenen Vertuschungsskandalen eine entscheidende Prüfung dar, die letztlich seine moralische Autorität und Glaubwürdigkeit stärkte. Seine Bereitschaft, eigene Fehler offen einzugestehen und daraus konkrete Konsequenzen zu ziehen, verschaffte ihm Respekt auch bei kritischen Beobachtern und gab ihm die moralische Autorität, weitreichende Reformen durchzusetzen.

In seiner Osterbotschaft 2028, drei Jahre nach seiner Wahl, reflektierte Leo XIV. über diese Erfahrung:

"Der Weg der Kirche, wie der Weg jedes Christen, führt durch das Kreuz zur Auferstehung. Wir müssen unseren Sünden und Fehlern ins Gesicht sehen, sie beim Namen nennen, um Vergebung bitten und konkrete Schritte zur Umkehr tun. Nur so können die Wunden heilen – die Wunden der Opfer, die Wunden der Kirche, die Wunden der ganzen Menschheitsfamilie. In meinem eigenen Leben habe ich die schmerzhafte, aber heilsame Wahrheit erfahren, dass echte Erneuerung nur durch ehrliche Konfrontation mit der Vergangenheit möglich ist."

Schlussbetrachtung: Die wahre Geschichte

Was ist also dran an den zuvor zugeschriebenen Vertuschungsskandalen? Die verfügbaren Fakten und unabhängigen Untersuchungen zeichnen ein differenziertes Bild: Robert Francis Prevost hatte als Bischof von Chiclayo tatsächlich Fehler im Umgang mit Missbrauchsvorwürfen gemacht, besonders in den ersten Jahren seiner Amtszeit. Diese bestanden hauptsächlich in zu langsamen Reaktionen, unzureichender Prioritätensetzung und anfänglicher Unsicherheit im Umgang mit komplexen Fällen.

Diese Fehler stellten jedoch keine vorsätzliche Vertuschung oder einen systematischen Versuch dar, Täter zu schützen oder Opfer zum Schweigen zu bringen. Im Gegenteil, als die Schwere der Vorwürfe deutlich wurde, handelte er entschlossen, transparent und im Einklang mit kirchlichen und staatlichen Vorschriften. Zudem lernte er aus diesen Erfahrungen und initiierte bedeutende Reformen in seiner Diözese, die später als Modell für seine Maßnahmen als Papst dienten.

Die eigentliche Bedeutung dieser Geschichte liegt jedoch nicht in der Frage nach Schuld oder Unschuld, sondern in der Art und Weise, wie Leo XIV. mit dieser schwierigen Vergangenheit umging. Statt Vorwürfe zu leugnen oder abzuwehren, nutzte er sie als Anlass für persönliche Reflexion und institutionelle Reform. Er verwandelte eine potenzielle Schwäche in eine Stärke, indem er aus eigenen Fehlern lernte und diese Erfahrung in den Dienst einer umfassenden Erneuerung der Kirche stellte.

In einer Zeit, in der öffentliche Figuren selten eigene Fehler zugeben und institutionelle Reformen oft an persönlichen Eitelkeiten oder bürokratischen Widerständen scheitern, setzte Leo XIV. ein bemerkenswertes Beispiel für authentische Führung und echte Reformbereitschaft. Diese Bereitschaft, aus der Vergangenheit zu lernen, ohne von ihr gefesselt zu werden, und mutig neue Wege zu gehen, ohne die Kontinuität mit der Tradition zu verlieren, wurde zu einem charakteristischen Merkmal seines Pontifikats und zu einem Hoffnungszeichen für eine Kirche im Wandel.

PS. Bitte die Anmerkung „Wunschdenken" auf Seite 128 beachten.

Anmerkung zu dieser Ausgabe:

Papst Leo XIV. ist seit 8.Mai 2025 im Amt. Die Autoren Salvatore Santarossa und Roman Schneider haben unter Hochdruck und in wortwörtlicher Tag- und Nachtarbeit dieses Buch geschrieben, um **weltweit als einer der ersten Biografien zu Papst Leo XIV. am Markt zu sein.** Diesem Umstand ist auch geschuldet, dass das Cover ein symbolisches KI-Bild enthält. Wir weisen explizit daraufhin, weil uns bewusst ist, dass der Papst einen solchen Umhang vermutlich nie anziehen würde. Wir haben die Informationen im Buch mit größter Sorgfalt zusammengestellt, möchten aber nicht ausschließen, dass sich irgendwo ein Fehlerteufel eingeschlichen hat. Wir bitten dies dann zu entschuldigen. Im Buch enthaltene Prognosen und Schilderungen für Zeiten nach der Papstwahl stellen eine Fiktion des Autors da, da naturgemäß zukünftige Geschehnisse nur schwer prognostiziert werden können. Die Zeit wird zeigen, wie Papst Leo XIV. mit den Geschehnissen in der Welt und seiner Vergangenheit umgeht.